U0668671

发现犹太人丛书

DISCOVERING
THE JEWS SERIES

犹太民族的
领袖们

GREAT LEADERS OF
THE NATION

[以色列]
丹·拉维夫 (Dan Raviv) 尼西姆·米沙尔 (Nissim Mishal) 著

施冬健 编译

清华大学出版社
北京

北京市版权局著作权合同登记号　图字：01-2019-1833

版权所有，侵权必究。侵权举报电话：010–62782989 13701121933

图书在版编目（CIP）数据

犹太民族的领袖们 / （以）丹·拉维夫（Dan Raviv），（以）尼西姆·米沙尔（Nissim Mishal）
著；施冬健编译 . — 北京 : 清华大学出版社，2019
（发现犹太人丛书）
书名原文：The Mystery of the Jewish Mind, THE GREAT LEADERS OF THE NATION
ISBN 978-7-302-52737-4

Ⅰ . ①犹… 　Ⅱ . ①丹… 　②尼… 　③施… 　Ⅲ . 犹太人 – 历史人物 – 人物研究 – 世界
Ⅳ . ① K811

中国版本图书馆 CIP 数据核字（2019）第 067173 号

责任编辑：王巧珍
封面设计：储　平
责任校对：王风芝
责任印制：沈　露

出版发行：清华大学出版社
　　　　　网　　址：http://www.tup.com.cn, http://www.wqbook.com
　　　　　地　　址：北京清华大学学研大厦 A 座　　　邮　编：100084
　　　　　社 总 机：010–62770175　　　　　　　　邮　购：010–62786544
　　　　　投稿与读者服务：010–62776969, c-service@tup.tsinghua.edu.cn
　　　　　质量反馈：010–62772015, zhiliang@tup.tsinghua.edu.cn
印 装 者：三河市吉祥印务有限公司
经　　销：全国新华书店
开　　本：148mm×210mm　　　印　张：6.75　　　字　数：133 千字
版　　次：2019 年 8 月第 1 版　　　　　印　次：2019 年 8 月第 1 次印刷
定　　价：48.00 元

产品编号：082872–01

以色列总统致辞

נשיא המדינה

Jerusalem, January 24, 2019
Adarl 9, 5779

The Jewish People and the Chinese nation both emerged from ancient and rich cultures with deep and strong roots that go back many centuries and even millennia in human history. Both these ancient and modern cultures have made significant and major contributions to the growth of human thought and development.

I am very pleased to see the publication in the Chinese language of this series "Discovering the Jews". The growing interaction and cooperation between our two nations are very welcome and I believe that through learning from each other, both our nations will be able to enrich their own cultures thus leading to the evolving of even more innovative developments, that may bring benefit to both nations.

Our two nations have developed into what they are today through certain ideals that we share. Both the Jews and the Chinese share a strong emphasis on education that kept our two nations strong through the ages and continues today.

The Jewish People's survival through centuries of exile and hardship was rooted in that firm commitment to the education of the young generations that ensured the preservation of our culture. This, together with development of skills, born of necessity, required to adapt in order to survive in ever-changing and difficult circumstances enabled the acquisition of the creative and innovative approaches that have led to Israel becoming known as the "Start-Up Nation".

The publication of these books in Chinese, will, I hope, help members of the great Chinese nation become more familiar with our people and promote an even closer friendship and fruitful collaboration between Israel and China.

R. Rivlin

Reuven (Ruvi) Rivlin

犹太民族和中华民族都有着悠久的历史和灿烂的文化，其深厚的文化根基在人类历史上可以追溯到数百甚至数千年前。以中两国的古今文明都为人类思想的进步和发展作出了杰出的贡献。

我非常高兴地看到"发现犹太人丛书"中文版的出版。以中两国之间日益增长的交流与合作令人欣喜，我相信，通过相互学习，我们两国的文化都将更加丰富多彩，从而推动更多的创新发展，为两国带来益处。

以中两国都通过自己特定而又是我们共同的某些思想，发展到了今天。犹太人和中国人都非常重视教育，这使得我们两国能够历经岁月，保持创造力并延续至今。

犹太人民能够在数世纪的流离失所和苦难中得以生存，是植根于对年轻一代教育的坚定承诺，它确保了我们的文化传承。这一点，再加上在不断变化的、困难的环境中生存所需的必要技能的发展，赋予了我们以创造和创新的方法，从而让以色列成为了众所周知的"创新之国"。

我希望，这套中文丛书的出版，将有助于伟大的中国人民更加了解我国人民，推进两国之间的友谊，让以中两国的合作取得丰硕的成果。

[以色列] 鲁文·里夫林

于耶路撒冷

犹太历 5779 年 12 月 9 日

（公元 2019 年 1 月 24 日）

序 /

致亲爱的中国读者

我叫丹·拉维夫，出生在耶路撒冷，我全身心地爱着我的国家和民族。我曾担任以色列电视台驻外记者，在华盛顿、纽约和伦敦等地工作。后来，我在中国内地、新加坡和中国澳门工作和生活了16年。近年，我回到以色列，担任Compass投资集团的股东兼总裁，与中国政府部门有着密切的合作。

我的中国缘分，似乎是冥冥之中的必然。两个古老的民族相互欣赏，以中关系日趋紧密，这些都是中国经历带给我的强烈感受。

为什么，仅占世界人口千分之二的犹太民族能在科学技术、财富创造、电影制作等众多领域成就斐然？

为什么，饱受仇视、暴虐甚至遭受过大屠杀的犹太民族能在近两千年的大流散中顽强地生存下来？

为什么，年轻的以色列国能在恐怖动荡的环境下快速跻身世界强国之列？

为什么，犹太人能特立独行，面向未来不断地挑战各种不可能？

犹太人的成就，是源自他们的教育、奉献、幽默和创新精神，还是出于生存本能和对生活的热爱？

……

越来越多的中国朋友向我提出诸如此类的问题。因此，我组织了几位以色列最优秀的作家和记者集体编写"发现犹太人丛书"，希望为中国朋友们解密犹太人的头脑和心灵。

欢迎开启充满趣味性和启发性的犹太思想之旅！我相信，"发现犹太人丛书"是迄今为止面向中国读者介绍犹太民族的最权威、最系统的著作之一。

这套丛书共6册，书中探讨的100多位人物塑造了我们共同的世界。书中既没有沉闷的学术味，也不是简单的史料堆砌，我们尽力以轻松的笔墨传播严肃的内容。

我希望，透过他们的成功故事，中国读者朋友们不仅可以解密犹太人的思维方式、行为习惯和创新精神，也可以从中获得灵感，助力事业成功。

丛书的每一册都选取了18位人物，这并非偶然。在希伯来语中，字母"18"代表着名词"生命"和动词"活着"。很多犹太人脖子上的挂件带有"18"符号，象征着对"生命"和"活着"的热爱。在第二次世界大战期间，占当时全球犹太人总数三分之一的600万犹太人被纳粹灭绝。这普普通通的两个词，对于经历过大屠杀的犹太民族来说却意义非凡。

清华大学出版社的编校人员为本丛书出版提供了细致周到的支持和指导，在此表示由衷的感谢！

感谢施冬健教授为编译本丛书付出的智慧和辛劳。他的学识和职业精神，无愧于清华大学出版社的推荐！

感谢安小艺女士为本丛书从发起到出版所做的大量指导和协调工作。安女士曾在以色列留学和工作多年，对犹太人的社会和文化有着深刻的理解，视以色列为第二故乡，是中以友好关系的积极推行者。

最需要感谢的是阅读本丛书的中国朋友们，我们希望了解您，也希望您了解我们。

您的以色列朋友

丹·拉维夫

2018 年 8 月 18 日

目 录

摩西
Moses

1 /

摩西：
犹太民族最伟大的领袖和先知

希伯来人的源头，可以追溯到早期游牧于幼发拉底河流域草原的闪米特人（闪族）。公元前 13 世纪中叶进入迦南（即现在的巴勒斯坦地区）后，他们被迦南人称为"希伯来人"（意为"渡河而来的人"）。

据《托拉》[1]记载，亚伯拉罕及儿子以撒、孙子雅各，是犹太人的先祖。亚伯拉罕是希伯来、阿拉伯等民族的共同祖先。他原名亚伯兰，被神赐名亚伯拉罕（意为"多国之父"）。雅各与神摔跤获胜，获神赐名"以色列"。其子约瑟[2]成为埃及宰相后，雅各

1　《托拉》：广义上指神对以色列人的教导与指引；狭义上指《圣经旧约》（犹太人不称旧约）的首五卷，即《摩西五经》。
2　约瑟的故事，见本丛书之一《犹太人的财富之谜》第一章。

受埃及法老之邀带着全家移居埃及，他的十二个儿子后来发展成为以色列人的"十二支派"。此后，以色列人在埃及大量繁衍、人丁兴旺，招致埃及法老的忌惮。

摩西（Moses）拉比生活在公元前13世纪，是犹太民族历史上最伟大的领袖和先知。根据希伯来人的传承，他是犹太教的创始者《摩西五经》[1]的作者。在基督教、伊斯兰教等一神论信仰中，摩西也被视为极其重要的先知，甚至还受到许多无神论者的尊敬。

《出埃及记》中记载：以色列民请求神耶和华将他们从埃及的奴役中拯救出来，摩西受神之命，率领以色列民出埃及。经过在旷野上的艰难跋涉，他将百姓带到西奈山领受神颁布的《托拉》，在即将到达圣地时去世。在摩西的领导下，以色列民摆脱了被奴役的悲惨命运，学会遵守《十诫》，并成为历史上首个尊奉单一神的民族。摩西120岁的一生分为三个时期，每一时期都是40年：40年在埃及，40年在米甸，40年领导以色列民行走西奈旷野。

不同寻常的早年

摩西出生于以色列民在埃及为奴时期的歌珊，父亲暗兰和母亲约基别都属于以色列十二支派中的利未支派。在他们生育一女（米利暗）和一男（亚伦）后，埃及法老下令处死所有新生的以

---

1 《摩西五经》是犹太教《托拉》的前五卷，包括《创世记》《出埃及记》《利未记》《民数记》和《申命记》。

色列男婴。母亲约基别听说法老的女儿十分善良，经常帮助以色列人，便心生一计。她把三个月大的儿子放入一只蒲草箱中，把箱子放在王宫附近的芦苇中，再让女儿米利暗暗中保护。公主像往常一样到河边洗澡，发现了蒲草箱中的男婴，心生怜悯。此时，米利暗跑过来对公主说，她可以推荐一个奶妈，公主答应了。

公主将男婴带入王宫后，给他取名摩西（意为"来自水中"）。母亲约基别以奶妈身份照顾着摩西。在义母（公主）的庇护下，摩西过着锦衣玉食的生活，接受良好的宫廷教育。生母约基别偷偷地教他希伯来语，告诉他以色列人的历史以及法老对他们的压迫。摩西长大后，母亲告诉了他身世真相。他逐渐疏离王宫，与以色列同胞相处，感受他们的苦难。

随着身份认同感和归属感的与日俱增，摩西深感为以色列民奋斗之责任。他身为自由之民，胸怀勇敢之心，对同胞的苦难感同身受又怒其不争，这一切都推动着他采取行动。有一天，他杀死了一个殴打以色列民的埃及监工。为了躲避法老的追杀，他向东逃到了米甸，米甸是亚伯拉罕的儿子米甸支派的地盘。在米甸，摩西为祭司叶忒罗牧羊，娶了他的女儿西坡拉并生了两个儿子。

出 埃 及

一次在旷野牧羊时，摩西看到了荆棘被火烧而不毁的异象。在荆棘旁，神耶和华对他说："百姓在埃及所受的困苦，我看见了；

他们所发的哀声，我也听到了。我要派你去见法老，你要把我的百姓以色列民从埃及领出来，带到美好宽阔的'流着奶与蜜之地'——迦南。"

摩西屡屡推却，称自己"笨口拙舌"，没有能力统领以色列民。但是耶和华向他显明各种神迹，承诺会指教他如何说话行事，而且哥哥亚伦也会帮助他。于是，摩西答应了。

当年的埃及法老已经去世，宫廷官员也早已更替，即位的新法老对摩西当年打死埃及人之事并不知情。摩西返回埃及，对法老说："容我的百姓们去吧。"但是法老不允许以色列民离开埃及。于是，耶和华就用十灾惩罚埃及人，灾祸一次比一次严重。第十灾是击杀长子之灾，埃及每家每户的长子被杀。法老被迫服软，允许以色列民离开埃及。以色列人在埃及生活了400多年，雅各举家迁入时只有70多人，现在仅步行的男子就有60万之众。

三天后，法老心生悔意："放走了以色列人，以后谁来服侍我们呢？"随即，他亲自带领军队追赶以色列民。

逃亡途中的以色列民七嘴八舌地抱怨摩西："你把我们带到红海边来送死，难道埃及没有墓地吗？"摩西安慰他们说："神耶和华不会看着自己的百姓受难而不管不顾。"

当夜幕降临时，耶和华用一道烟雾将埃及军队和以色列民分开，埃及军队那边一片漆黑，而以色列民这边亮如白昼。第二天，在耶和华的授意下，摩西伸出手杖把海水分开，辟出一道旱道。以色列民顺利地跨过红海，而埃及军队则淹没在了红海中。

为了纪念以色列民出埃及、从被奴役走向自由，犹太人后来设立了逾越节。

漂 泊 旷 野

渡过红海后，摩西带着以色列民在炎热的沙漠旷野中艰难跋涉。沿途中百姓饥渴难忍，不满和怨言与日俱增，甚至威胁到摩西的生命。摩西一方面安抚百姓，一方面求得神的启示，找到水源和食物。

有一天，正在安营扎寨时，传来一阵喊杀声。原来，沙漠中好战的亚玛力人杀过来了，要抢夺以色列民的财物和女人。摩西立即命令足智多谋的约书亚率队迎击亚玛力人，自己带着亚伦登上山顶观战。经过一整天的厮杀，约书亚杀死了亚玛力王，以色列民大获全胜。

战场离米甸不远，岳父叶忒罗闻讯后带着女儿西坡拉及两个外孙前来与摩西会合。

此前，摩西事无巨细都亲自过问，每天从早到晚处理政务、审理百姓之间的纠纷。时间一久，他不仅自己感到力不从心，也耽误公事。岳父叶忒罗看在眼里，就劝诫他，要按照重要程度把工作委派给不同的人。

摩西采纳了岳父的建议，挑选"敬畏神、诚实无欺、恨不义之财"的德才兼备之士分任千夫长、百夫长和十夫长，自己只负责处理事关全局的大事。层级制度的建立，是犹太人政治制度的萌芽。摩西的创举被认为是世界上最早的关于组织结构建设的尝试，被后世的人们经常引用。

经过休整和整编，摩西带着井然有序的队伍继续出发，此后到达迦南边界。摩西带领以色列民又与迦南人、亚扪人和米甸人争战四次，每次皆遵从神的指令得胜。

在西奈山领受《托拉》

出埃及三个多月后，大队人马终于来到了西奈山。高耸入云的雄伟山峰，让习惯于尼罗河平原生活的以色列民心生神秘和敬畏感。

在西奈山上，摩西独自领受了神颁给以色列民的《托拉》，并受命带领百姓继续前往圣地——富饶的迦南。从那时起，摩西便成了向百姓晓谕《托拉》的代言人。

在西奈山领受《托拉》，这是犹太历史中的里程碑时刻。《托拉》是犹太教的圣书，也是对犹太人生活方式的基本要求。如果说带领以色列民出埃及为摩西确立了领袖形象，那么西奈山上领受《托拉》则赋予了他先知地位。此后的 39 年里，他身兼领袖和先知的双重身份。

摩西向以色列民晓谕神颁授的十条戒律，也即《托拉》中著名的《摩西十诫》：

一、崇拜唯一神耶和华，不可祭拜别神；

二、不可雕刻和敬拜任何偶像；

三、不可妄称神的名字；

四、须守安息日为圣日；

五、须孝敬父母；

六、不可杀人；

七、不可奸淫；

八、不可偷盗；

九、不可做假证诬陷他人；

十、不可贪恋别人的妻子及财物。

随后，摩西号令十二支派设立祭坛，宰杀羔羊后将羊血洒在身上，以示向神立誓。他建造了一座会幕，将最神圣的约柜放置在会幕的中央，约柜中放着刻有《十诫》的两块石板。

摩西的这一系列举措，标志着犹太教的诞生。从此，犹太人有了统一的宗教思想，以及规范化的教规、戒律和祭拜礼仪。

内 部 整 肃

摩西的领导力体现在方方面面：他既是宗教和精神领袖、立法者、审判官，也是一名军事领袖。他是个行走在人群中的普通人，有善有恶，没有过人的天赋，更没有超自然的能力，他的领导力显然不是一日树立的。几十万百姓起初之所以跟随他出埃及，更多地因为他是神的使者。神与摩西之间特殊的亲密关系，确立了百姓对摩西的信任："看啊，我要在密云中临到你那里，叫百姓在我与你说话的时候可以听见，也可以永远相信你。"

摩西被赋予接近耶和华的神圣特权，"面对面，好像人与朋友说话一般"。相较之下，此后的其他先知都只在异象或异梦中接触神。神和摩西之间特殊的亲密关系，被描述在神在磐石穴对摩西的启示中。摩西站在磐石上，神从他面前经过时遮住他的脸，使他不能从正面见到神的威严——"因为人见我的面就不能存活"。

从带领以色列民出埃及开始，以色列民内部对摩西的批判声不绝于耳。在出埃及之前，无人确信摩西的能力。出埃及、过红海后，以色列民便开始牢骚满腹、怨声载道。相比烈日下忍饥挨饿的艰难跋涉，沿途与当地部族的战争，他们更留恋埃及的"美好生活"，也担心无法到达圣地。利未支派以外的以色列民，对摩西重用本支派不满。

在西奈山过了一整年后，摩西带着以色列民到达哈洗录。此时，反对声甚至来自他身边最亲近的人。西坡拉死后，摩西又娶了一位异族女子。姐姐米利暗和哥哥亚伦以此为由挑战摩西的权威，实质上是有心染指领导权。同支派可拉一党的叛变，更是对摩西领导地位的重大考验。

对有怨言的百姓，摩西竭力安抚；对米利暗和亚伦，他代言神的训诫让他们改过自新。对图谋叛乱的可拉一党，他果断镇压。

领导百姓的艰巨重任和百姓的忘恩负义，时常让摩西深感危机乃至绝望。他曾经这样向神禀报："管理这些百姓的责任太重，我独自担当不起。我求你开恩立时将我杀了，不叫我见自己的苦情。"

无论自身如何艰难痛苦，摩西一贯为百姓的福祉着想，竭力保护百姓免于神的愤怒。在镇压可拉叛党后，他和亚伦一同恳求神施怜悯："一人犯罪，就要向全会众发怒吗？！"

在摩西独自登上西奈山领受《托拉》期间，以色列民拜金牛犊为偶像，从而引发了神和百姓之间最严重的危机。摩西依然没有放弃百姓，他祈求神赦免百姓的罪孽："现在，求你赦免他们的罪；不然，就把我从你所写的册上除名。"换句话说是，如果你不赦免他们，就不要再差遣我了。

神一次次勉强答允了摩西的要求，饶恕了以色列民。但是以色列民被罚在旷野漂泊40年，直至那一代人全部死去，他们的儿女才得以进入应许之地——迦南。

遥 望 圣 地

以色列民来到迦南边境，返回故土指日可待之际，心力交瘁的摩西预感到生命即将结束。他深感欣慰的是，作为神的使者，他一贯谨遵神的旨意。在法老前，在红海边，在带领百姓行走旷野的40年间，每日无不如此。故此，《托拉》中反复几十次出现了"神晓谕摩西说"。

摩西被神挑选，成为神在世间最亲近的使者。他是神和百姓之间关系的调节者：把神的旨意和训诫传达给以色列民，又把百姓的回应、抱怨和恳求告诉神。即便摩西是一个如此伟大的领袖和先知，他还是未能完全履行使命。"这就是圣地……你却不得过到那里去"，这是神对摩西有时缺乏信心的惩罚。在进入圣地前夕，他对百姓这样哀叹："求神让我过去吧，看约旦河另一边的美地。但神因你们的缘故向我发怒，不应允我。神对我说'不要再向我提这事……'。"

在摩押地的旷野，摩西独自登上尼波山顶，久久地眺望圣地全貌。他选择以这样的方式向以色列民告别。120 岁的摩西无疾而终，眼睛没有昏花，精神没有衰败。以色列民为他哀哭了 30 日。他被安葬在摩押地，至今无人知晓坟墓所在。

摩西之死记载在《托拉》的第五卷《申命记》中，整部《托拉》也以其离世而告终。然而，摩西却永远活在了人们的心中。无论何时何地，任何犹太人只要学习了《托拉》，摩西的教诲和对他的信仰就像被火烧而不毁的荆棘一样永存。

诺贝尔和平奖得主埃利·维瑟尔概述了历史上 200 多位重要的犹太人物，他如此总结摩西的一生："摩西是圣经历史中最孤独却最有力量的人物。他劳作之辛苦、阅历之丰富，令我们赞叹敬重。摩西以一己之力改变了人类历史的进程，自他出现时起，一切都改变了……他对社会公平满怀热忱，为民族解放英勇斗争。他组织有力，和神与人都有着复杂的关系。他提出要求也给予承诺；他诅咒也祝福；他有怒气之时也有沉默之刻。他秉公执政，致力于正义与怜悯。在任何时期、任何地方，从未有一人像他这样为如此之多的百姓作出如此之多的成就。毋庸置疑，摩西在犹太传统中拥有十分尊荣的地位。"

从 1923 年美国著名导演西塞尔·德米尔拍摄无声电影《十诫》开始，《埃及王子》《十诫的故事》《法老与众神》等多部有关摩西的电影被搬上银幕。

大卫王
King David

2 /

大卫王：
"第一圣殿"的奠基者

扑克牌中的黑桃 K，即为大卫王（King David）。在犹太民族的意识里，大卫王与第一圣殿时期以色列国的辉煌紧密相连。他统治以色列国的 33 年，是犹太人古代历史的一段黄金时代。

公元前 10 世纪前后，大卫出生于以法他（伯利恒），在家中八兄弟中年龄最小。父亲耶西是当地的领袖，来自犹大支派。犹大支派是第一个向会幕祭献的支派，也是第一个跨过约旦河、统领西巴勒斯坦的支派。

大卫少年时牧羊，以唱歌奏乐而闻名，常常边弹边唱，有时随歌起舞。

以色列王国的第二位国王

希伯来人的第一位国王扫罗创立了以色列王国，但他不遵守先知撒母耳的指示，违抗神的诫命。撒母耳确认少年大卫敬神虔诚、有着狮子般勇敢的心，便膏他为新国王。当大卫得到圣灵的祝福时，"神的灵已离开扫罗，神发出的邪灵折磨着他"。

扫罗王的一个近侍得知大卫擅长弹琴、说话合宜，便向扫罗王建议招用他为琴侍。从此，每当神发出的邪灵降在扫罗王身上，大卫就弹奏七弦琴为扫罗王驱离邪灵。

在一次战斗中，以色列人和非利士人两军对垒，分列在山谷的两边。面对青铜铠甲的非利士巨人歌利亚，以色列战士无人敢于出战。在神的庇护下，少年大卫抄起一块石头击中歌利亚的额头，割下他的首级，非利士人纷纷溃逃。

大卫一战成名，成为以色列人的英雄。扫罗王的长子乔纳森与大卫交好，扫罗王的女儿米哈尔嫁给了大卫。闻听大街小巷唱着"扫罗杀敌千千，大卫杀敌万万"，扫罗王感到大卫对其王位构成了严重威胁，对他的态度也从友爱变为嫉恨。在乔纳森和米哈尔的帮助下，大卫多次逃过了扫罗王的毒手。自此，扫罗王的余生都在追杀大卫，而大卫一直在逃避扫罗王，因为他不想伤害这位曾经的"上帝的受膏者"。大卫的噩梦止于基利波一战。非利士人打败了扫罗王的军队，扫罗王和乔纳森都战死沙场。

大卫号令部众禁食三天，祭奠扫罗王父子，然后带着队伍前往犹大山地的希伯仑。大卫的部将约押骁勇善战，很快驱逐了沙漠部族的入侵者，稳固了希伯仑的局势。在感恩戴德的犹太民众拥戴下，大卫受膏作犹大国王。

此时，扫罗王残部拥立扫罗王的儿子伊施波什为以色列众支派的王。随即，大卫与伊施波什进行了长达七年半的内战。最终，伊施波什被部下所杀，余众归顺大卫。大卫统一了以色列十二支派，成为以色列国的第二位国王。

耶路撒冷成为圣城

统一以色列国后，大卫将注意力转至以色列国的敌邻，先后征服了非利士人、摩押人、以东人、亚扪人和亚兰人，将庞大的大卫帝国扩张到约旦河两岸，向西直至地中海，向北至幼发拉底河。

内外战争平息后，大卫王开始考虑治国大事，首当其冲的就是迁都。希伯仑远在南方，北方的以色列众支派不接受以希伯仑为都城。大卫考虑在十二支派都能接受的地区建都，以此团结以色列民。他把目光投向了耶路撒冷。

当时，耶布斯人已经在耶路撒冷居住了400多年，从未有人攻克过这座三面环山、易守难攻的城堡。大卫王出其不意，派兵从侧面爬上了城堡，一鼓作气攻克了城池。从此，大卫之名便和耶路撒冷城连在了一起，耶路撒冷城有了著名的别称"大卫城"。

在一场举国庆典中，约柜被搬到了新建的首都，约柜内有两块刻着《十诫》的石板，代表以色列神和子民之间的盟约。自此，王国之都耶路撒冷被奉为圣城，即圣殿之地，以色列民纷纷前来祈祷。即使在犹太人此后流离失所的近两千年中，它依然是犹太民族的心脏，是犹太人心之所向、目光所仰之圣地。

圣城的形成也有其传统背景，该地与族长时代发生的重大事件有关。犹太人认为，亚伯拉罕献以撒一事也发生在耶路撒冷城附近的一座山（现在的圣殿山）上。

耶路撒冷被奉为独一无二的圣城，意味着散布在以色列国其他地区的偶像都应被贬低甚至废除。大卫王朝的祭司和先知们精诚合作，向全国百姓宣告耶路撒冷城是神选之城，大卫王将耶路撒冷选为全国的政治中心和宗教崇拜中心是英明之举。

先知拿单曾预言会幕将迁往耶路撒冷，他告诉百姓，自出埃及以来神居住的会幕只是暂居之处。《托拉》在大卫及其子所罗门的王国建立不久后写成，据其所述，在大卫王和所罗门王的时代，神同意离开示罗，转居耶路撒冷新建的圣殿。两位国王教育以色列民：国家、耶路撒冷和圣殿，三者的命运都是内在统一的。圣殿是中心，透过圣殿，以色列的神和以色列民之间才有联结，以色列民得以塑造，神得以拯救百姓。

大卫之家的一代代国王们都以宗教权威来巩固政治统治，也以政治统治来加强宗教权威。后来，所罗门王开创的第一圣殿统治耶路撒冷约 400 年之久。

国家治理与平息内乱

大卫王在耶路撒冷建造王宫大卫城，王国的一切法令政令都在这里编撰颁布。他借鉴迦南人和埃及人的行政管理经验，打乱原有的支派辖地，把以色列国划分为多个行政区。《托拉》中记载有两列行政长官名单和一列谋士名单，各区的行政长官和谋士们不仅管理军事和外交事务，也管理财政和税收、宗教崇拜以及国王的财产。

耶路撒冷也成为军事总部，在城市及其周边地区建立了一些军事基地，由军队指挥官们（其中包括来自大卫王征服之地的首领们）带领常备军和雇佣军驻守。

耶路撒冷作为宗教崇拜中心的地位得到加强，以色列民在每年的逾越节、五旬节和住棚节期间前往耶路撒冷朝圣。

以色列国的经济开始持续增长，文化成就更上一层。许多史料都清晰记载了新王国的规模和国力。考古发现也证明了那是一个黄金时代，人民生活的各个方面都繁荣发展，公共建筑和防御体系得以建造，新的定居点得以建立。

耶路撒冷城地位的上升，势必造成其他城市地位的下滑，其中包括基遍和示罗等以色列人的传统圣地。耶路撒冷附近的基遍建有一座巨大的祭坛，此前曾是以色列神的殿。曾伴随以色列民在旷野 40 年之久的会幕，当时还在示罗。将各支派的以色列民置于一位国王的治下，并召聚百姓在首都的一个圣殿中敬拜神，大卫必须制服各种反对力量。

大卫王颁布的《国王法》强调君主世袭制和强制征兵制，颠覆了士师时代相对平等的社会政治结构。十二支派的传统领袖们被迫放弃传统权力，支持新的中央政权。此外，大卫支派在以色列众支派中居首，造成了其他支派（尤其是北方支派[1]）的受压迫感。

内部的潜在危机威胁着大卫王的统治，其严重程度甚至超过来自敌对邻国的外部危险。由于利益受损，大卫的儿子押沙龙曾联合各方敌对势力图谋反叛，其中包括旧都希伯伦人以及一些支派的领袖。大卫的妻子米哈尔没有生育，扫罗家族后裔无法共享王权，扫罗王所在的便雅悯支派曾呼吁："我们与大卫有什么关系？以色列人哪，各回各家去吧！"这是便雅悯支派和大卫支派之间存在敌意的最明确表达，在以色列众支派中引起了长久的共鸣，也证实了南北方支派内在的不和谐。

大卫镇压了以色列十二支派中各种或大或小的反叛，阻止了王国的分裂。这要归功于他的个性和能力，以及将领们的忠诚。

开疆扩土，安抚犹太流民，统一以色列国，攻取耶路撒冷并奉为圣城，整顿朝政，进行宗教改革，推行治权中央化，这些功绩使得大卫王无愧为犹太历史上最杰出的君王。

1　犹大和吕便属于南方支派，其余十个属于北方支派。

整部《塔纳赫》[1]中，对大卫王的记述最为详尽，共提及约一千次，远超"多国之父"亚伯拉罕和"先知之首"摩西。大卫王独特又多面：他是一位有造诣的圣歌音乐家和诗人，为后世留下了大量歌颂神的诗篇；他又是一位骁勇的战士、杰出的将军和有为的君主。作为领袖，他坚韧不拔、沉稳威严；作为常人，他谦虚正直、性情温和。他集众多美德于一身，虔诚献身于以色列的神。

犹太历法中纪念最多的一位人物便是大卫。在许多宗教场合，犹太人会祈祷歌唱"以色列的大卫王永存"。如果没有祈求恢复大卫之家，那么仪式将被视为无效。犹太民族的传统以某种神秘和威望的光环包裹着对以色列国的记忆，弥赛亚[2]这一犹太人的传统信仰出自大卫之家，大卫成为弥赛亚的象征。

大卫王当然也有缺点，经文中也多处谈到他的罪孽以及所受的惩罚。由于大卫王在战争中杀戮过多，故神将建殿之事延迟，交由其子所罗门王完成。在看到拔示巴裸浴后，大卫王设计让其夫乌利亚战死，然后将拔示巴据为己有。神没有直接惩罚大卫，而是亲手将大卫王与拔示巴所生的第一子击杀。

大卫王能意识到自己的缺点，承认自己的罪孽，他对先知拿单说："我有罪于耶和华。"

1　《塔纳赫》即正统犹太教的希伯来圣经，是犹太教的第一部重要经籍，共二十四卷，包括《托拉》五卷（《摩西五经》)、《先知书》八卷、《文集》十一卷。

2　弥赛亚（Messiah），也即"受膏者"——指上帝选中、具有特殊权力承担特殊使命的人。

迈蒙尼德
Maimonides

3 /

迈蒙尼德：
人人称道的"巨鹰"

迈蒙尼德（Maimonides）即犹太人所称的摩西·本 - 迈蒙拉比（Rabbi Moses Ben Maimon），被公认为有史以来最伟大的犹太教学者和哲学家。犹太民族对他的敬仰之情，体现在一句俗语中："从摩西（带领犹太人出埃及的先知和领袖）到摩西（迈蒙尼德），再也没有像摩西一样的人出现了。"

在 66 岁的人生中，迈蒙尼德著作等身。三部哈拉卡作品（《密西那托拉》《密西拿律法书评述》《迷途指津》），是他最杰出的代表作。

1138 年，迈蒙尼德出生于西班牙的科尔多瓦（现为安达卢西亚）。在他的幼年，来自北非的狂热穆斯林教派阿尔摩哈德征服了西班牙，终结了前王朝的宽容统治。留在西班牙的犹太人和基督徒面临两种选择：皈依伊斯兰教，或者被杀。父亲迈蒙带着两个儿子（摩西·本-迈蒙和大卫·本-迈蒙）加入逃离的难民大军。他们漂泊于西班牙各地，后于1160年逃往阿尔摩哈德王朝治下的摩洛哥，定居非斯市。1165年，他们又前往耶路撒冷王国十字军统治下的故土以色列地，短期辗转于阿卡、耶路撒冷和希伯仑等地。1166年，全家前往埃及。此后，迈蒙尼德一直定居埃及，直至1204年去世。

到达埃及后不久，迈蒙尼德担任萨拉丁[1]苏丹的御医。他在开罗的住处与哈里发宫殿近在咫尺。他在埃及娶妻，其名现已不得而知，只知道她父亲名叫米沙勒。1186年，他的独子纳吉德出生，后来成为埃及犹太人的领袖。从迈蒙尼德的书信中可知，他曾有一个不幸夭折的女儿。

《密西拿[2]律法书评述》与犹太教的十三信条

在长期的漂泊中，迈蒙尼德一直专注于撰写《密西拿律法书评述》。这部著作历经十年写作，于1168年完稿。为了遵循当时穆斯林犹太人的习俗，迈蒙尼德用阿拉伯语写作，但最终以希伯

1　萨拉丁是中世纪穆斯林世界的著名军事家、政治家，也是埃及阿尤布王朝首任苏丹（在位时间：1174—1193年），十字军耶路撒冷王国的征服者。
2　密西那（Mishna）是犹太律法的汇编，最早可以追溯到公元3世纪。

来语成稿，他的大部分书籍都以这样的方式写成。

《密西拿律法书评述》是迈蒙尼德的第一部宗教著作和第一部哈拉卡[1]著作，他基于考古学、神学和科学，对从《托拉》中衍生出的口传规范和解释进行勘误、整理和解读。

这部作品的最引人注目之处，在于一系列介绍密西拿所涉及的一般哲学问题性的文章。其中一篇文章，总结了犹太教的十三信条，后被广为采纳，成为后世犹太人的信仰基础。

一、我完全相信神。神创造世界，掌管一切。

二、神是唯一的真神。

三、神无形、无体、无相。有形、有体、有相、有限之人之物，都不是神。把有形、有体、有相、有限之人之物视为神者，都是偶像崇拜。

四、神永恒，无始无终。

五、神是唯一值得敬拜的神。

六、神借先知传递话语，先知的预言真实可信。

七、摩西是最伟大的先知。

八、律法是神在西奈山亲自颁布的，借摩西所传，不可改变。

九、律法是永恒的，不可替代，人们要永远遵守。

十、神洞察人的行为。

十一、神褒奖守法者，惩罚违法者。

1　哈拉卡（Halakha），犹太教口传律法的统称，包含律法、规章，以及相关的判例与参考意见。

十二、弥赛亚必将来临，要每日盼望。弥赛亚来临之时，世界恢复和平和正义，万民都归向神。这是弥赛亚的使命，不达此使命者都不是弥赛亚，无论他怎样宣称、人们怎样相信、他有怎样的神迹。

十三、人的灵魂不灭，死后复生。

《密西那托拉》

从 1168 年至 1177 年的十年间，迈蒙尼德在《圣诫书》的基础上完成了毕生最伟大的作品《密西那托拉》。《圣诫书》的成书早于《密西拿律法书评述》，书中整理并解读了《托拉》中的 613 条戒律。

《密西那托拉》是第一部犹太成文法，迈蒙尼德希望通过他的解读，使几千年来逐步形成的哈拉卡更符合其所处时代的要求。《密西那托拉》充分总结了自《托拉》颁给犹太人以来所有的口头犹太法律文献，还阐明了日常生活中必须遵守的犹太戒律。此书清晰明了，即使在 900 年之后的今天，读者们仍能清晰理解。迈蒙尼德考虑的读者对象是任何希望了解哈拉卡的人，包括整个犹太民族和其他宗教的学者们。

在《密西那托拉》的序言中，他写道："这些时日，过多烦恼困扰着我们的民族，我们浪费大量时间满足其他过分的欲求，却阻碍学者和天才发挥智慧才能……因此，我，西班牙人摩西·本 -

迈蒙选择为此发声……我认为写下这些阐释之辞是合宜的……每一部分都是用清晰简洁的语言写成，这样，口传律法便能组织有序、易于理解……以使每个犹太人无论长幼都可以理解每条法律，遵循以往先知们所定的诫命。本书的一般原则是，任何人只需读完本书，即可理解以色列人的任何一项法律。此书应成为口传《托拉》中所有法律法规的合集……因此我将此书命名为《密西那托拉》。"

从序言可以明显看出，《密西那托拉》希望让所有以色列人，无论长幼贫富，无论是否熟知《托拉》，都能理解哈拉卡。迈蒙尼德使用希伯来语而非阿拉伯语成稿，这样世界各地的犹太人都能阅读。迈蒙尼德详述了一个犹太人应该遵守的613条诫律，详细到每一条款和子条款。例如，他写道："每个犹太人都有责任彼此相爱，因为《托拉》上说'当爱人如己'。"此外，他还提到每个人生活中要面临的自由选择："每个人都被允许作出选择，你可以选择走在正义之路上，做一个正直的人；你也可以选择走在邪恶之路上，做一个邪恶之人。"

迈蒙尼德在撰写《密西那托拉》时使用的方法论（不严格依据哈拉卡裁决习惯），招致拉比圈对其作品的强烈抵制。然而几代之后，批评声逐渐消失，整个犹太民族都开始承认迈蒙尼德是最高的宗教和精神权威，视《密西那托拉》为指导犹太人生活的最重要著作。

不容忽视的是，迈蒙尼德生活在一个特殊的社会历史时期，人们的生活方式和风俗习惯深受非犹太社会的影响。可以推断，如果他生活在另一个地区或时期，比如生活在一个独立的犹太国，那么他对哈拉卡裁决的创作和措辞会略有不同。

在《密西那托拉》的基础之上，迈蒙尼德又创作了几本哈拉卡小册子。其中的一本《完备之席》也广为后人熟知，侧重于讨论不涉律法的人际关系。

《迷途指津》

从 1176 年起至 1190 年，迈蒙尼德创作了《迷途指津》（也译作《困惑者指南》）。这部伟大的哲学著作凝聚了他大多数的哲学思考。

《迷途指津》以阿拉伯语写成，读者对象是那些不仅研究犹太宗教法，也研究科学和哲学，并希望与信仰和科学世界和谐共处的困惑者。《迷途指津》与《密西那托拉》风格迥异，在结构、措辞和内容上都颇为复杂，阐释也极为大胆，许多阐释之间存在相互矛盾。

在《迷途指津》的第一部分，迈蒙尼德探讨了如何称呼和描述神。他得出的结论是，人类无法利用已有的感知和逻辑方法理解神的本质，神"不具物质的形体且不属物质"。

在《迷途指津》的第二部分，迈蒙尼德证明了神的真实性、统一性和根本起源。世界是如希腊哲学家亚里士多德所言，永恒古老、一直存在、没有由来；还是如《托拉》所言，从无到有、日益更新？《迷途指津》给出了开放性的回答："整个世界（除了神以外的所有存在），都是神从完全的虚无中创造出来的……神在创造之前就已存在，除神以外，没有任何事物在创造之前就已存在。"

在《迷途指津》的第三部分，迈蒙尼德讨论了神的旨意。他认为，人们不应该将神的旨意解释为神给予每个人的个人关怀；恰恰相反，人应当在思想和行为上对神奉献。该部分有大量篇幅提到各条诫命设立的目的和原因，这也是当代犹太思想界广泛讨论的主题。迈蒙尼德给出的理由是，诫命旨在"克服人的冲动，纠正人的自然倾向和观点"。

迈蒙尼德也提及哲学的局限性："人的心智有一界限，使其不越界。"这体现在人的方方面面，"每个人观点不一，甚至截然不同。有人易怒，时时怒火冲天；有人冷静，极少发怒。有人自负；有人谦逊。有些人的贪婪之心，全世界的财富都满足不了；而有些人索要的少，清心寡欲……"。

怎样才算一个好人呢？《密西那托拉》给出了这样的标准："在每一观点中，公义之路都是中间之路。这是智者之路……我们应时常保持沉默，只说智慧之言……不迅速回应、急切发言，在安息平静中教导、学习，既不提高嗓音，也不过分言辞……勤勉之人，衣着干净端庄，毫无污渍……他既不穿深红色或金色的锦衣华服以引人注目，也不衣衫褴褛而自取其辱，而是穿着普通却端庄典雅，备受尊敬。靠近智者及其学生，效其言行，这是正义和责任之举……每个人都必须爱每个以色列民，就像爱自己的身体一样，因为《托拉》上说'要爱人如己'。"

聪慧的中国读者们，或许注意到了迈蒙尼德的这些话与儒家四书之一的《中庸》有着某些相似之处。尽管没有证据表明迈蒙尼德熟悉中国哲学或曾受其影响，但人们或许可以得出这样的结论：不管时空隔绝多远，伟大的思想往往是普世的。

世俗生活中的迈蒙尼德

迈蒙尼德写了许多有关哈拉卡和哲学问题的书信，以此解答学生的提问。从信中可见，他不仅仅是一位伟大的思想家、哈拉卡的裁定者，也是一位导师和愿意倾听民众声音的领袖。撒母耳·伊本·提本拉比是迈蒙尼德作品的译者。在他翻译的一封迈蒙尼德寄给撒母耳的书信中，我们发现了迈蒙尼德的日程安排和生活方式，从中可以看出，他将一生都奉献给了埃及苏丹萨拉丁和他自己领导的犹太社区。

"我和苏丹有一个非常严谨的习惯：我必须每天早上都去见他。要是他或者他的孩子、妻妾不适，我会整天守在王宫。如果没有特殊情况，我会在午后出宫。这时候我已经很饿了，前厅里挤满了患者，有犹太人也有异教徒，有达官显贵也有平民百姓，有朋友也有敌人，一群人等着我回来。

我下马，洗过手，请他们允许我先吃点东西，这是我一天中唯一的一餐。然后我为他们治病、写处方。患者进进出出，直到夜幕降临才散去。我常常精疲力竭，必须躺着和他们说话，甚至说不出话来。

只有在安息日，我才有时间接待犹太人的私人访谈。整个社区（至少是大多数成员）上午来找我，我指导他们一周的生活，一起学习到临近中午，他们离开。下午，他们中的一些人回来和我一起阅读，直到晚上回家祈祷。安息日，就是这样度过的。"

迈蒙尼德创作的大量医学作品传至海外，使其名声远播、留传后世。他在西班牙和北非向犹太和阿拉伯医生们学习医学著作、接受医学训练。在写给学生的信中，他提到："我必须告诉你，我已经接触了许多出自王国伟人们的医学作品……一些是由此地的显要人物所著，他们无所不通……我在开罗的那段日子，探访完病人回家后，不管白天还是黑夜，只要有空我就充分利用时间阅读医学作品，因为它们实在太杰出了……学习这门技术对于一个谨慎的良知者是多么困难和耗时呀！"在他的 11 本医学著作中，最重要的是《摩西贤训》，共 1 500 节，综述了 900 年来每一个重要的医学领域。

世界的哲学家

迈蒙尼德被犹太民族誉为"巨鹰"，意指他能够以全面的视角看待事物，其伸展的双翼能容纳《托拉》、自然世界和人类世俗生活等广泛的领域。

迈蒙尼德的著作十分清晰地定义了犹太信仰的支柱，其后的哈拉卡作品构思几乎都源于他的著作。犹太教哈拉卡学者们普遍认为，自中世纪以来，哈拉卡的发展在很大程度上得益于《密西那托拉》。不熟悉迈蒙尼德的作品，尤其是《密西那托拉》，人们就难以理解犹太人的生活方式。

耶沙亚胡·莱博维茨是20世纪最伟大的犹太思想家，也是迈蒙尼德研究领域的最高权威，他认为："迈蒙尼德在犹太教中所体现的犹太教（履行诫命）的形象与他作为现代研究主题的形象之间存在巨大的差距，在犹太人和非犹太人看来都是如此。在严格遵守犹太律法的正统犹太人眼里，迈蒙尼德几乎成了一种学派，而不是一个人。在他们看来，迈蒙尼德是哈拉卡之人。然而，对于现代哲学的研究者而言，迈蒙尼德是一位思想家，其哈拉卡者的角色几乎可以忽视。"

1985年，在迈蒙尼德诞辰850周年之际，联合国教科文组织在巴黎组织了一次研讨会，不承认以色列国的巴基斯坦和古巴也作为赞助商出席。苏联学者维塔利·诺姆金在会上发言："迈蒙尼德也许是中世纪唯一融合四种文化（希腊罗马人、阿拉伯人、犹太人和西方）的哲学家，甚至至今依然如此。"科威特大学的穆斯林教授阿卜杜勒·巴达维认为，迈蒙尼德首先是阿拉伯思想家。沙特阿拉伯的胡赛因·阿泰教授也表达了类似的观点："如果你不知道他是犹太人，很可能会误认他为穆斯林。"迈蒙尼德学者什洛莫·平斯在会上给出了或许是最准确的评价："迈蒙尼德是中世纪最有影响力的犹太思想家，很可能是有史以来最有影响力的思想家。"

为什么迈蒙尼德享有如此盛名？答案似乎是，他知识渊博，经历丰富，一生中涉猎多个独立的领域。他深入研究犹太宗教律法、哲学和信仰问题，精通物理、数学和天文学，又是一位名医。无论身在何处，他都能成为当地犹太社区的领袖。但是，耶沙亚胡·莱博维茨给出了这样的解读："自族长和先知时代以来，迈蒙尼德是犹太教中以宗教信仰为基础而承认神的最有影响力人物，这是他的伟大和独特之处。迈蒙尼德之所以在犹太教历史上拥有特殊地位，并非由于他是一位有成就的哲学家，而是因为他是一名伟大的信徒，以敬拜以色列的神来践行信仰。"

本雅明·泽维·西奥多·赫茨尔

Binyamin Zeev Theodor Herzl

4 /

本雅明·泽维·西奥多·赫茨尔：
犹太复国运动之父

本雅明·泽维·西奥多·赫茨尔（Binyamin Zeev Theodor Herzl）是一名律师、戏剧家、作家、记者，也是极富远见的近代犹太民族第一号政治家，被公认为犹太复国主义运动 [1] 之父和世界犹太复国主义者联盟 [2] 的创始人。

赫茨尔首次将犹太复国主义的思想碎片加以整合，提出犹太复国梦想并指明可行的路线图，将犹太复国主义提升为世界大国公认的政治问题，促成了50年后的以色列建国。

1　犹太复国主义运动（Zionism），又称"锡安主义运动"。
2　世界犹太复国主义者联盟（World Zionist Federation），又称"世界锡安主义者联盟"。

1860 年，西奥多·赫茨尔生于奥地利帝国布达佩斯（现匈牙利首都）的一个富商家庭，从小接受了良好的通识教育和犹太传统教育。赫茨尔 18 岁时，全家移居维也纳。当时的维也纳是奥地利帝国的首都，后来又成为国际文化中心。

犹太复国主义思想的形成

1882 年，赫茨尔读到了欧根·卡尔·杜林[1]的著作《作为种族、道德和文化问题的犹太人问题》。杜林对于"解决"欧洲"犹太问题"的理论和系统规划，使赫茨尔大为震惊。他意识到，知识精英阶层主导下的反犹主义将给犹太人带来灭顶之灾。这是赫茨尔人生的转折点，从此他开始全身心地研究"犹太人问题"。

1884 年，赫茨尔获得维也纳大学法学博士学位。但法律工作让他倍感厌倦，让他真正感到满足的是每天下午几个小时的写作。他的主要作品是幽默小品文，发表在各种报刊上，还有一些剧本甚至被搬上了舞台。后来，赫茨尔辞去法律工作，专注于写作。1891 年 10 月，他受聘为维也纳著名报纸《新自由报》驻巴黎记者。反犹主义著作《犹太人的法国》的出版再次给他警示：即使民主制度下的法国，犹太人的生存环境同样堪忧。

在感受祖国奥地利和现居地法国的反犹主义现状后，赫茨尔

---

1 欧根·卡尔·杜林（Eugen Karl Dühring），德国著名哲学家、经济学家，小资产阶级社会主义的代表人物，恩格斯所著的《反杜林论》即针对此人。

更加坚定了犹太复国主义信仰，希望找出"犹太人问题"的总体解决方案。在如何看待"犹太人问题"上，他经历了渐进式的思考过程。起初，他视"犹太人问题"为宗教问题；继而又视其为民族和社会问题；最终，他得出结论：这是一个国家的政治和外交问题，政治和外交手段是解决问题的唯一途径。

在每个认知阶段，他都提出了解决"犹太人问题"的具体路径。起初他认为，"犹太人问题"可以通过犹太人融入欧洲社会得以解决，但后来他逐渐认识到犹太人在其他国家建国是不可行的，唯一的解决方案是离开欧洲，在犹太人的故土上建国。

1894年10月，正当赫茨尔沉浸在戏剧《新隔都》的写作中时，得知法国军队的一名犹太裔炮兵军官阿尔弗雷德·德雷福斯因叛国罪和间谍罪（泄露军事机密给德国）被捕。审讯过程充满了伪造证据和无中生有的诽谤，意图煽动和激发法国公众的愤怒。1895年1月法院开庭，德雷福斯被判有罪并处以无期徒刑，赫茨尔在场旁听。两周后，德雷福斯的军衔被当众撕裂，群众高呼"叛徒该死！犹太人该死！"11年后，针对德雷福斯的所有指控被撤销，他重回军队，并被授予法国荣誉军团勋章。

对于赫茨尔而言，这次庭审是标志性事件，它预示着盘旋在欧洲犹太人头上的巨大危险。他写道："德雷福斯是现代社会中的犹太人，试图适应环境，说法国语言，以法国思维方式思考，将法国赋予的勋章戴在外衣上——这些勋章却又被强行剥夺……我们不要再欺骗自己了，这么做毫无意义。"

当时，80%的欧洲犹太人居住在东欧，东欧普遍存在政府主导的反犹主义。在西欧，学界和民间的反犹主义阻止犹太人融入社会，而政府是躲在背后的隐形力量。赫茨尔认为，即使拥有公民权的西欧犹太人依然不能成为一个完整的个体：他们生活在一个"新隔都"，被羞辱、被拒绝，是异乡人，内部矛盾重重。

《犹太国》的问世

德雷福斯案庭审之后，赫茨尔开始将复国主义理想付诸行动。他首先想到的是巴黎著名犹太企业家莫里斯·赫希男爵。赫希曾帮助东欧的犹太人迁往阿根廷，赫茨尔相信他不但会出资，也是参与实际行动的最佳人选。然而，赫希如此答复："犹太人总想爬得太高，这是我们一切不幸的根源……我的想法是不让犹太人过于激进……几年以后，（通过阿根廷）我会向整个世界表明，犹太人也能够成为好公民。这样，或许犹太人也被允许耕作俄国的土地。"

鉴于埃德蒙·德·罗斯柴尔德男爵已经捐出巨资帮助巴勒斯坦的犹太定居者和新移民，赫茨尔转而寻求罗斯柴尔德家族的帮助。1895年6月中旬，他用四天时间收集有关犹太人现状的材料，创作了《致罗斯柴尔德家族》。然而，罗斯柴尔德家族对"锡安热爱者[1]运动"的价值不屑一顾，甚至反对零散定居的做法。对他

1　锡安热爱者（Hovevei Zion，又称 Lovers of Zion），主要活跃在东欧地区，在赫茨尔转向锡安主义之前就已存在。

们来说，数字不言而喻，当时巴勒斯坦的 60 万居民中只有区区 5.5 万名犹太人。

1895 年，赫茨尔回到维也纳。改写后的《致罗斯柴尔德家族》被重命名为《致犹太人》，后来又以措辞简洁的《犹太国》出版。赫茨尔在书中将犹太人确定为一个国家，认为犹太人面临的困难（也是国家的困难）只会与日俱增。但是，如果通过政治—外交手段，"犹太人问题"就有望得到解决。

《犹太国》首版印刷 3 000 册，爱子心切的雅各布·赫茨尔自掏腰包买了 500 册。发行伊始，《犹太国》饱受批评，著名犹太思想家兼作家斯蒂芬·茨威格视此书为"无稽之谈、愚昧之作"，犹太民族主义诗人哈伊姆·纳赫曼·比亚利克甚至写了一首讽刺诗：

他们是奇妙之人

他们可以完成任何事

用他们的小手指可以创造一个国家

用他们的大拇指可以创造整个世界

现在他们却宣告说，不！

维也纳已万事俱备

只欠东风

我们即将分享新国度的成果。

让茨威格和比亚利克想不到的是，这本不起眼的 100 页左右小册子的出版，成为了犹太民族历史长河中的一个转折点。

第一届犹太复国主义者代表大会

屡屡碰壁后，赫茨尔认识到借助犹太金融家的支持来实现犹太复国是不可行的。同时，《犹太国》在多个国家的热卖证明了犹太复国主义有着广泛的基础。带着满腔热情，赫茨尔全力投身到世界性犹太复国主义者代表大会的筹备中。

经过一年多的精心准备，1897 年 8 月，第一届世界犹太复国主义者代表大会在瑞士巴塞尔拉开帷幕。为了凸显大会的庄重气氛，赫茨尔强调所有代表正装出席。

大会通过了《世界犹太复国主义纲领》，清晰界定了组织宗旨——"犹太复国主义旨在寻求以各国公开判定的方式，使以色列人民在自己的土地上有权获得一个安全的避风港"，并确定巴勒斯坦是犹太人和犹太复国运动唯一的目的地。

大会将"锡安热爱者运动"分布在东欧各地的零散团体整合成一个统一的组织，建立了日常管理机构和一些专门委员会，为日后犹太复国主义运动的开展奠定了组织基础。这些机构中包括盎格鲁巴勒斯坦银行，以及用于购买和开发巴勒斯坦土地的犹太国民基金。

大会闭幕后，赫茨尔在日记中写道："倘若我今天大声宣布'在巴塞尔，我创建了犹太国'，将遭到全世界的耻笑。但也许在

5 年之内，肯定在 50 年之内，世人将目睹这个犹太国的成立。"

为了获得大国的支持，赫茨尔马不停蹄四处奔波。从第一届世界犹太复国主义者大会直至 1904 年离世的 7 年中，他与许多国家元首进行谈判，其中包括统治巴勒斯坦的奥斯曼土耳其帝国苏丹阿卜杜勒·哈米德二世，以及德国皇帝威廉二世、意大利国王、罗马教皇和大英帝国政府。大英帝国当时是"日不落帝国"，管辖区包括与巴勒斯坦接壤的西奈半岛和东非部分地区，这两地后来都未能成为犹太人家园的理想候选地。他甚至还与俄国的内政部部长交涉，俄国是当时犹太人的主要迫害者之一。

踏上巴勒斯坦

在《犹太国》出版之前，赫茨尔并没有定义新犹太国的建立地。鉴于巴勒斯坦离欧洲过近、气候条件苛刻、政治局势复杂，他同当时许多人一样认为巴勒斯坦并非建国的理想之地。权衡多个选项后，他曾经把目标锁定在南美洲（例如阿根廷）。然而，赫茨尔清楚地知道巴勒斯坦在犹太民族意识中的重要地位。他写道："以色列地（巴勒斯坦）是犹太人难以忘怀的家园，仅凭其名就足以让我们为之采取行动。"在会见了"锡安热爱者运动"的领导人之后，这种意识变得越发强烈。

1898 年，赫茨尔独自踏上了魂牵梦萦的巴勒斯坦。临行前，他在日记中写道："我将开始一段充满危险的旅行。甚至有人警告我说，我可能会在巴勒斯坦遇害。即便如此，我仍要继续前行。"
他参观了由"锡安热爱者运动"在耶路撒冷城建立的犹太人定居
点，对其取得的成就感叹不已。在1902年出版的乌托邦小说《新
故土》中，他回顾了对此次短暂访问的印象，并描绘了他所设想
的田园诗般的新社会。

　　1903年4月，在俄国基希涅夫市（现为摩尔多瓦首都）发
生了大规模屠杀犹太人事件；此后，英国又拒绝在巴勒斯坦和埃
及之间的西奈半岛建立犹太人定居地的早期方案，转而提出在东
非建立犹太国……政治—外交解决手段的屡屡失败促使赫茨尔提
出"乌干达计划"（此前还考虑过肯尼亚），从而引发了犹太复国
主义运动史上的一次严重危机。赫茨尔认为，"乌干达计划"包
含了犹太复国主义思想的一个基本组成部分——承认犹太人的自
决权和领土权，这是构建未来国家的基础。但是，"乌干达计划"
有利有弊，如果接受英国的提议，意味着放弃巴勒斯坦。没有锡安，
何谈锡安主义呢？

　　赫茨尔支持"乌干达计划"，他在1903年举行的第六届世界
犹太复国主义者代表大会上提出："'乌干达计划'能为遭受迫害
的东欧犹太人提供避风港。"由此产生的危机几乎将犹太复国主
义运动扼杀在萌芽阶段。所幸的是，1904年，赫茨尔与"乌干达
计划"的反对者们在维也纳举行了一次和解会议。

　　常年的压力和辛苦奔波严重摧残了赫茨尔的身心。1904年7
月，44岁的西奥多·赫茨尔英年早逝，安葬在家乡维也纳。在第

一届世界犹太复国主义者代表大会的50年后，他的预言终于成真，犹太国建立在了巴勒斯坦上，这是犹太人两千年来心驰神往之事。他还实现了魂归故土的个人遗愿，骨灰被安葬在以他命名的耶路撒冷赫茨尔山上。

在回忆录中，以色列国父大卫·本-古里安提及在波兰读到《犹太国》的那一天。他如此写道："谣言已经蔓延。突然间我们发现弥赛亚来了。一位面容俊俏、眼神炽热、风度翩翩、蓄着黑胡子的男子——西奥多·赫茨尔，将带领犹太人回归故土。"

一介书生西奥多·赫茨尔无权无钱无势，凭借坚定的信仰和百折不回的毅力，以一己之力提出了犹太复国主义的宏伟愿景和路线图，在随后几乎单枪匹马的八年奋斗中，他发起并领导了犹太民族最伟大的革命——犹太复国主义革命。正如赫茨尔研究领域的泰斗什洛莫·艾维尼里教授所说，赫茨尔之所以能够成功，在于他首先突破犹太人和世界舆论的障碍，将"犹太人问题"从学术刊物上的纸上谈兵提升为一个世界舆论的热点话题。

亨丽埃塔·索尔德

Henrietta Szold

5 /

亨丽埃塔·索尔德：
以色列的荣誉母亲

特拉维夫是近代巴勒斯坦新建的第一座希伯来城市，而亨丽埃塔·索尔德（Henrietta Szold）是这座城市的第一位荣誉公民。她是一名教师、作家，也是美国妇女犹太复国主义组织——哈达萨（Hadassah）的创始人之一。她领导的美国"青年阿利亚"[1]，在第二次世界大战爆发前后组织大批犹太青少年难民逃离欧洲，因此她被誉为"以色列的荣誉母亲"。

1860年12月21日，亨丽埃塔·索尔德生于美国马里兰州的巴尔的摩市，那时正逢美国内战爆发。在家中的八个女孩中，她排行老大。父亲本雅明·索尔德是来自斯洛伐克的犹太移民。父

---

1 阿利亚（Aliyah）意为"上升"，在希伯来语中特指散居各地的犹太人回归故土巴勒斯坦。从1882年至1939年，犹太历史上有五次大规模的阿利亚。

亲是一位拉比，学识出众，也是犹太社区的领袖，这确保了孩子们能同时获得通识教育和犹太传统教育。1877年，亨丽埃塔高中毕业。由于当时的女性被排斥在高等教育之外，天资聪慧的亨丽埃塔只能终止求学，成为一家私立女子学校的语言和数学老师，在那里工作了15年。

教师与编辑

19世纪80年代，大批东欧犹太人移民美国。在父亲的影响下，亨丽埃塔希望能在业余时间服务犹太新移民。她利用自己的教学特长，在自家阁楼上成立了"犹太受教育者联合会"，为犹太移民辅导英语和圣经故事，讲解美国人的生活方式，帮助他们融入当地的犹太社区和美国社会。无意之间，她创立了美国第一所为俄国犹太人提供英语和职业培训的夜校。在写给姐姐的一封信中她说道："在吃饭、睡觉的时候，我满脑子还在想着犹太移民，'俄罗斯问题'耗尽了我的心思。"

基于良好的教育背景和丰富的工作经历，1893年，亨丽埃塔·索尔德成为"犹太出版协会"的第一位编辑，在这个岗位上满怀热忱地工作了23年。"犹太出版协会"旨在加强美国犹太人的犹太身份认同感，出版犹太思想和历史方面的译著。索尔德认为，不管是新移民、永久居民还是公民，都应加强他们的犹太身份认同感，免受美国社会的精神同化。她前后编辑、翻译了几十部犹太著作，其中一些至今仍在售。1899年，她主编了第一部美国犹太人年鉴，她还参与了《犹太百科全书》的编辑工作。

索尔德求知若渴，经常到附近的约翰霍普金斯大学旁听讲座。为了更好地胜任手头的工作，她考虑接受系统的犹太文化教育。1902年，她成为一所犹太经学院拉比研究班的第一位女生。此前，这所学校只招收男性，但在她同意今后不谋求拉比或其他精神领袖职位后，校长破例允许她入学。索尔德在经学院学业出众，广受老师和同学们的尊敬。

从亲身经历和观察中，索尔德意识到犹太妇女普遍缺乏教育机会。1907年，她成立了一个研讨犹太教和犹太复国主义问题的小型妇女团体。

初访巴勒斯坦的思考

在1909年，49岁的索尔德第一次访问巴勒斯坦。旅途临近结束时，同行的母亲古特希勒告诉她："提高巴勒斯坦犹太人的健康状况是极其重要的任务，值得组织起来为此努力。除了给犹太人授课之外，巴勒斯坦还需要组织医疗援助以改善卫生和健康状况。我们必须为此付诸行动。"

此次旅程结束后，索尔德在日记中如此写道："要么犹太复国主义，要么一无所有。"俄国南部地区发生犹太社区大屠杀事件后，她又写道："我成了犹太复国主义者。不管其他解决犹太问题的方法如何，我认为犹太复国主义将给那些伤痕累累、满身血迹的同胞们，那些被憎恶的同胞们一个能够拥抱所有犹太人的希望。"她认为空谈犹太复国主义解决不了问题，从此立志成为一名实干家。

索尔德认为，犹太复国主义运动的核心任务就是强化犹太人的犹太文化认同感，犹太复国的前提就是犹太文化复兴。犹太人面临一个内部矛盾，必须通过新的方式复兴塔木德[1]体系以应对这一危机。为此，犹太复国主义必须强调犹太文化复兴，培养巴勒斯坦的犹太团体，让它们发挥创造性的作用。索尔德坚信犹太复国主义是保护犹太民族道德、精神和智慧的唯一途径。她预见，未来的巴勒斯坦不仅有益于那些选择在此地定居的犹太人，也有益于那些巴勒斯坦以外的犹太人，这片土地将带给他们繁荣和自由。巴勒斯坦将建立在犹太传统和圣经《以西结书》所描绘的理想之上，为全世界的犹太人带来鼓舞和精神熏陶。

访问巴勒斯坦一年后，知命之年的索尔德当选北美犹太复国主义者联盟的书记。她在日记中写道："犹太复国主义者称我身居高位，但在犹太复国主义的字典中，'荣誉'一词等同于'工作'。"

---

1 《塔木德》(*Talmud*，希伯来语中意为"教导"或"学习")是宗教典籍，成文于公元前 2 世纪至公元 5 世纪间，记录了犹太教的律法、条例和传统。《塔木德》的内容分三部分，密西拿 (Mishnah，口传律法)、革马拉 (Gemara，口传律法注释) 和米德拉什 (Midrash，《托拉》注释)。

"哈达萨"运动

1912 年 2 月 12 日，索尔德母女发起成立"锡安女儿（Benot Zion）"组织，致力于提升伊休夫[1]的健康、教育和福利事业，索尔德任主席至 1926 年。成立大会定于普珥节举行，按照犹太传统诵读《以斯帖记》[2]。新组织的第一个纽约支部取名"哈达萨"[3]，索尔德在为支部的妇女们授课时回顾了 1909 年她和母亲造访巴勒斯坦的所见所闻。

成立大会上，38 位代表都热情高涨地承诺"履行哈达萨组织的准则"，并首先履行了章程中的第一条——筹集资金用于在巴勒斯坦的城乡定居点建立诊所。一年后，索尔德决定派遣两位犹太护士为巴勒斯坦的犹太人提供医疗服务。1914 年，第一次世界大战爆发，两位身处犹太前线的护士返回美国，哈达萨在巴勒斯坦的活动由此暂停。1918 年"一战"结束后，索尔德从美国组织了 45 名医生和护士前往巴勒斯坦，带去了救护车和充足的医疗设备用品。这支队伍显著提升了巴勒斯坦的医疗服务，是巴勒斯坦哈达萨医疗组织的核心，在其成立一个世纪之后的今天仍发挥着积极作用。

1　伊休夫（Yishuv），建国之前的巴勒斯坦犹太社区。
2　《以斯帖记》（*Book of Esther*），其中记述了犹太人逃脱古波斯帝国大屠杀的故事。
3　哈达萨（Hadassah），是古代波斯以斯帖王后的希伯来名。

1920 年，索尔德第二次造访巴勒斯坦。一落地，她就被任命为巴勒斯坦哈达萨组织的临时负责人，后受英国托管当局的管理。这项受命管理哈达萨医疗和社会福利的临时任务，最终持续了 25 年，几乎到她去世才结束。在她的领导下，巴勒斯坦的医疗服务得到了质的提升。哈达萨成立了医院、诊所、巴氏杀菌乳品研究所、婴儿福利站、妇幼护理站、护士学校，不仅造福了巴勒斯坦的犹太和阿拉伯居民，也为后来以色列国医疗系统的建设和第一所社会工作学校的创建奠定了基础。

1927 年，索尔德当选为世界犹太复国主义者联盟执行委员会的三位成员之一，且是首位女性执委。她努力推辞："伟大的犹太复国主义运动即将到达一个十字路口，形势严峻。遗憾的是无人填补这个庄严的位置，却让一位心力交瘁的 67 岁老妇人临危受命。"她一再拒绝担任执委，但众望所归，难以推辞，一旦接受后她又忘我地投入工作。

执委会授权索尔德领导两个部门——卫生部和教育部。摆在她面前的是重重困难：1929 年全球经济危机影响了犹太复国主义计划的筹资，巴勒斯坦阿拉伯人的敌意日益高涨，和英国托管当局的交涉举步维艰等。犹太复国主义管理部门的多数同事在欧洲和美国等地开展活动，而索尔德却把大部分精力投入巴勒斯坦，因此她也管理犹太代办处 [1]。索尔德精力充沛，工作勤勉，声名远播。她阅读每

1　犹太代办处是当时英国托管当局承认的巴勒斯坦犹太人的自治机构，在以色列建国前扮演类似"影子政府"（候任政府）的角色。

一份递上来的报告和文件，会见任何一位求见者。她在伊休夫和美国的大型犹太社区之间穿针引线，周游巴勒斯坦全境，随时准备发表演说或授课。她保留着一长串书信和备忘录，其中精确的表达、细腻的情感、严谨的逻辑和深情的言辞，让读者无不动容。

"青年阿利亚"运动

1933 年，73 岁的索尔德迎来了人生中最灿烂的时期，也即犹太民族历史上永远铭记的"青年阿利亚"时期。后来，她被称为"青年阿利亚的母亲"，对该组织的意识形态和实践活动都产生了重大影响。

那一年，她被伊休夫"全国委员会"派往伦敦参加会议，深入探讨了纳粹在德国上台后欧洲犹太人的境况。基于 1932 年救援犹太青少年移居巴勒斯坦的亲身实践，瑞亚·普里亚尔夫人提议，成立一个专门机构帮助犹太青少年移居巴勒斯坦。犹太代办处评估了三种吸收青少年移民的方案：寄宿公寓、基布兹[1]和儿童村，最终确定基布兹为主要的接纳者。新成立的基布兹需要劳动力，更重要的是，它全心全意致力于实现犹太复国主义，帮助犹

1　基布兹（Kibbutz）是以色列特有的一种集体农庄组织形式，成员之间完全平等，内部实行"各尽所能，平均分配"，集体生活。早期的基布兹为保卫国家生存、发展生产作出了重要贡献。随着以色列社会迅速向经济私有化和自由化过渡，要求对基布兹内部改革的呼声日增。

太人回归故土。

1933 年 8 月，第 18 届犹太复国主义大会在布拉格举行。会议决定，设立一个专门机构负责推动德国犹太人定居巴勒斯坦。索尔德受命前往巴勒斯坦，统筹管理"青年阿利亚"组织。起初，她拒绝受命，但在目睹德国犹太社区的境况后她义无反顾地承担了这项工作。

索尔德在海法港口迎接从欧洲驶来的满载"她的货物"的每一条船只。她同每一位孩子握手，询问他们的姓名，鼓励他们提出任何建议或要求。多年来，身居要职的她收到了数以千计的信件，孩子们纷纷向她诉说自己遭遇的困境。而她"就像一位母亲"那样，十分重视并回复每一封来信。

"二战"前夕和"二战"期间，索尔德参与领导的"青年阿利亚"运动从纳粹铁蹄下的欧洲共营救出约 3 万名犹太青少年。对于幸存的孤儿们来说，"青年阿利亚"是他们唯一的家。索尔德认为，让每个孩子都能获得和她小时候接受的同等教育和培养，这是她的职责。故此，她重视每个孩子，无论这个孩子来自宗教之家还是世俗之家，她都会为其相应地设置课程。

1937 年，亨丽埃塔·索尔德获得特拉维夫市的荣誉公民称号。市长梅厄·迪岑哥夫在荣誉证书中写道："您是我们这一代希伯来妇女解放运动中最杰出的象征。您清楚表明，在犹太民族复兴和巴勒斯坦的发展进程中，妇女同男子一样作出了巨大贡献……（第一次）世界大战后，如果没有您的努力，就没有我们的医疗救护。

如果没有医疗救护，疾病就无法得到治疗，人口便难以持续增长。如果没有您，就没有我们今天如此完善、可以及时救助弱者的社会福利体系。如果没有您，我们无法想象，从纳粹手下拯救于水火之中的希伯来青少年这一伟大事业何以进行。这一切行动中的每一项，都足以为其实行者赢得无上荣誉。您的名字，便是荣耀之名！"

1945 年 2 月 13 日，亨丽埃塔·索尔德逝世于她亲手创建的哈达萨医院，享年 84 岁，遗体被安葬在耶路撒冷橄榄山的犹太公墓。

身为"以色列的荣誉母亲"，亨丽埃塔·索尔德本人却终身未婚，没有自己的孩子。在 40 多岁时，她曾与一位小她 15 岁的拉比有过短暂的柏拉图式恋爱。她曾说："如果能有一个自己的孩子，我愿意付出一切。"

1941 年，亨丽埃塔·索尔德研究所在耶路撒冷成立。这是一家非营利性的国家级研究所，目前拥有 80 名全职专业人员和 100 多名兼职专业人员，在以色列的行为科学、教育和社会服务等研究领域具有举足轻重的地位。

为了永久纪念"伊休夫之母"亨丽埃塔·索尔德，以色列将她的生日——犹太历的 5 月 30 日定为母亲节；上加利利的一处集体农庄以她的名字命名；哈达萨组织成立了"亨丽埃塔·索尔德奖"……

哈伊姆·魏茨曼

Chaim Weizmann

6 /

哈伊姆·魏茨曼：
科学家出身的首任总统

像哈伊姆·魏茨曼（Chaim Weizmann）这种科学家出身的国家元首并不多见。他徜徉于科学世界和政治世界中：作为化学家、现代工业发酵技术之父，他的发明帮助英军在第一次世界大战中战胜德国；作为政治家，他是犹太复国主义运动的领袖之一、以色列建国后的首任总统。

1874年11月27日，哈伊姆·魏茨曼出生在俄国平斯克市附近的莫塔尔镇（现属白俄罗斯共和国）一个富有的木材商家庭，其父母奥泽·魏茨曼和瑞秋·魏茨曼共有12个子女。孩子们都受到了良好的正规教育，哈伊姆更是远近闻名的神童。

11岁时，哈伊姆从家乡的犹太宗教小学毕业，前往平斯克上中学，年龄比班上的同学小得多。12岁时，他开始讲授各种自然科学类的私教课。由于当时的俄国政府实行大学配额制来限制犹太学生入学，高中毕业后他前往德国，先后就读于达姆施塔特理工学院和柏林工业大学。在柏林期间，他加入了一个犹太复国主义的知识分子圈子，成为西奥多·赫茨尔博士的首批支持者之一。

1899年，哈伊姆·魏茨曼在瑞士弗里堡大学获得化学博士学位，时年不足25岁。在读期间，他邂逅了医科生薇拉·切茨曼。1904年，魏茨曼在英国曼彻斯特大学获得教职。次年，他经人介绍认识了正在竞选议员的亚瑟·贝尔福，在他的影响下，贝尔福逐渐成为犹太复国主义运动的同情者。1906年，魏茨曼与薇拉结婚，后育有两个孩子。婚后的40多年中，薇拉一直是丈夫的贤内助。

魏茨曼为犹太复国主义运动殚精竭虑，不断提出新的想法和计划。他提出了"综合犹太复国主义（Synthetic Zionism）"理论，也即"政治的"犹太复国主义致力于通过外交努力以获得国际认可，"实践的"犹太复国主义强调在巴勒斯坦购买土地和建设定居点。1907年召开的第八届犹太复国主义者代表大会上，魏茨曼的"综合犹太复国主义"理论获得认可。

魏茨曼还提出了一个在当时看来异想天开的计划：在耶路撒冷建立一所以犹太人为主的希伯来语大学。他试图获得以赫茨尔为首的犹太复国主义领导层的支持，但遭到了拒绝。经过不懈努力，1913年召开的第11届犹太复国主义者代表大会终于采纳了魏茨曼的建议，把在耶路撒冷建立一所希伯来语大学列为犹太复国主义的目标之一。

《贝尔福宣言》的背后推手

第一次世界大战（1914—1918 年）期间，魏茨曼在科研和政治方面均硕果累累。战争爆发前，魏茨曼在曼彻斯特大学负责一个大型化学实验室。1914 年岁末的一天，他收到了一封英国政府的来信，信中呼吁全英国的科学家们为战争出力。魏茨曼回信说，他发明的一种发酵工艺可能会对战争有帮助。但是，一年多后海军部才联系他。英国缺乏制造爆炸物必需的化学物质丙酮，而魏茨曼的发明能够用玉米、小麦和水稻等多种农作物生产丙酮。

1916 年，魏茨曼成为英国海军实验室主任，英国一些生产酒精饮料和啤酒的工厂随即转产丙酮。作为英国政府的红人，他得以结识了海军部大臣温斯顿·丘吉尔和军备部长大卫·劳合·乔治。随着战争接近尾声，他对战争的贡献广受英国朝野的赞誉。1916 年年末，乔治担任英国首相后，曾问魏茨曼希望得到什么奖赏，他如此回答："一个属于我们自己的国家。"

"一战"期间，魏茨曼开始从犹太复国主义领导层中脱颖而出。战争爆发时，世界犹太复国主义者联盟宣布，在协约国和同盟国之间保持中立。但是魏茨曼预见到，英国是唯一有能力从奥斯曼土耳其帝国手中夺取巴勒斯坦并将其移交给犹太人的国家，因此坚定地站在英国（协约国）一方。

魏茨曼与英国政界要人广泛接触，特别是首相劳合·乔治和外交部长亚瑟·贝尔福。乔治和贝尔福逐渐意识到，在俄罗斯和美国的犹太人很有可能帮助处在战争中的英国。在俄罗斯，退出战争的呼声不绝于耳，犹太团体有可能把俄罗斯留在协约国；在美国，犹太团体对推动美国早日参战可能起到决定性作用。基于英国自身利益的考虑，两人对犹太复国主义者在故土建国的愿望表示支持。

1917年，哈伊姆·魏茨曼博士当选英国犹太复国主义者联盟主席后，积极推动英国政府发表支持犹太人在巴勒斯坦复国的官方文件。他面对的谈判对手，不仅仅是英国的政界要人。当时，英国的许多犹太领袖认为，魏茨曼和犹太复国主义运动是错误的，如果在中东建国将损害其他地区犹太人的权益，因为他们将被迫离开居住国。

1917年11月2日，英国政府正式发表《贝尔福宣言》。《贝尔福宣言》称："英王陛下政府赞成在巴勒斯坦建立一个犹太人的民族家园，并将尽最大努力促成此目标的实现。但需要明确说明的是，不得伤害巴勒斯坦现有的非犹太社团的公民权利和宗教权利，也不得伤害犹太人在其他国家享有的各项权利和政治地位。"由于英国政府不希望与犹太复国主义运动联系在一起，这份宣言被寄给了英国的罗斯柴尔德勋爵，而不是哈伊姆·魏茨曼。

《贝尔福宣言》成为未来几年英国政府有关巴勒斯坦政策的基石。尽管促成宣言是犹太复国主义运动的集体功绩，但毫无疑问，哈伊姆·魏茨曼在其中起到了关键作用。著名犹太历史学家以赛亚·伯林如此评述："（在《贝尔福宣言》之后，）魏茨曼接棒赫茨尔成为最伟大的犹太政治家，这是犹太复国主义者和非犹太复国主义者、犹太人和非犹太人的共识。"

巴勒斯坦的建设

在《贝尔福宣言》酝酿期间，英国军队从西奈沙漠开拔，于1917年3月占领加沙。同年10月，在新任英军驻埃及司令埃德蒙·艾伦比将军的率领下，英军发动突袭，几周内占领了包括耶路撒冷在内的整个南部地区。

1918年夏天，在耶路撒冷北部仍回响着的零星炮火声中，魏茨曼终于实现了梦想：在斯高帕斯山上建立犹太民族的第一所大学——希伯来大学。他在回忆录中写道："奠基仪式庄重而美好，令人难忘。夕阳西下，为犹地亚的山丘和摩押地的群山染上了金色的光辉，在我们脚下的耶路撒冷，像珍贵的宝石一样耀眼。"

魏茨曼很清楚，犹太人回归巴勒斯坦很可能遭到阿拉伯人的反对。为了防患于未然，他会见了沙特阿拉伯领导人费萨尔王子，与他签订了《费萨尔 - 魏茨曼协定》——在不损害阿拉伯人民利益的同时，支持犹太民族在巴勒斯坦地区建国。

在英国托管巴勒斯坦期间（1918—1948年），除了其中四年外，魏茨曼一直担任世界犹太复国主义者联盟主席。他把家安置在特拉维夫南部的雷霍沃特基布兹，但为了方便和英国政府打交道，他大部分时间住在伦敦，密切注视英国在巴勒斯坦相关问题上的政策。他也常常访问美国、南非、欧洲各国和中东地区，会见当地的犹太团体。

1925 年春天，耶路撒冷希伯来大学举行了隆重的首届开学典礼，贝尔福勋爵作为贵宾应邀出席。除魏茨曼和贝尔福之外，台上还有许多身着淡紫色学士长袍的嘉宾——英国政府代表赫伯特·塞缪尔、已晋升陆军元帅的埃德蒙·艾伦比、伊休夫首席拉比亚伯拉罕·以撒·库克以及犹太民族主义诗人哈伊姆·纳赫曼·比亚利克等。

在开学典礼上，魏兹曼面对着一万多名无比激动的嘉宾（超过当时巴勒斯坦犹太人口的十分之一）发表了激情洋溢的演讲，希望希伯来大学遵循这样的发展道路——"我们的目标是寻求真理，让巴勒斯坦重新赢回繁荣的文化。只有这样，大学才能在思想和学术的世界中诞生"。

哈伊姆·魏茨曼正直、高大，穿着考究，气质高贵，深受全世界（特别是伊休夫）犹太人的敬爱。他用英语、意第绪语[1]、希伯来语和其他语言发表的演讲，像暴风一样席卷了听众们的心。在电视出现之前，公开演讲是人民和领导人之间直接接触的主要

---

1 意第绪语（yidiš）属于日耳曼语族，10 世纪时在中欧形成。目前全球的使用者约有三百万人，其中大部分是犹太人（特别是原住德国莱茵兰一带的阿什肯纳兹犹太人）。"意第绪"也可指代"犹太人"。

途径。

魏茨曼坚信，英国政府会帮助犹太人在古老家园建国。在当时的犹太领袖中，他被认为过于亲英。在阿拉伯国家的压力下，英国开始显露出背离《贝尔福宣言》的迹象，而魏茨曼仍然坚定地支持英国。这导致他与犹太领导层公开决裂，于1931年失去了世界犹太复国主义者联盟主席的职位。四年后，他重返主席职位。鉴于德国纳粹上台后欧洲犹太人处境的不断恶化，由擅长外交的魏茨曼重掌领导权是明智之举。

巴勒斯坦迎来了黄金时代，世界各地的数万名犹太人纷至沓来，建立新的定居点，发展工商业，巴勒斯坦人民（包括阿拉伯人民）的处境得到显著改善。

魏茨曼认为，农业和科学是巴勒斯坦发展的两大支柱。他积极倡导建设农业定居点，认为它们比基于贸易、投机、房屋租售的大城市更可取。每次出国处理棘手的外交事务之前，他都会到北部的杰列泽尔山谷等基布兹转转，这对他来说是最好的身心"充电"方式。

1934年，魏茨曼在雷霍沃特建立了"西弗科学研究所"，后于1949年更名为"魏茨曼科学研究所"（Weizmann Institute of Science）。现在的魏茨曼科学研究所已经跻身世界一流科研机构的行列，拥有一项诺贝尔化学奖和三项图灵奖，吸引了以色列国内外的许多优秀学生和杰出科学家前来学习和工作。

1939年5月，英国政府发表了有关巴勒斯坦政策的《麦克唐纳白皮书》，限制犹太人移民巴勒斯坦的数量，限制犹太人在巴勒斯坦购买土地。白皮书的发表，标志着英国政府事实上废除了在《贝尔福宣言》中支持犹太人在故土建国的承诺。

早在 1930 年，新崛起的伊休夫犹太机构主席大卫·本-古里安开始与魏茨曼争夺犹太复国主义运动的领导权。两人同时维持着友谊和竞争的关系，有时彼此欣赏，有时互相攻击。《麦克唐纳白皮书》发表后，备受打击的魏茨曼依然对英国议会抱有幻想。但是本-古里安断言，政治-外交型犹太复国主义已经走进了死胡同，针对英国的军事斗争才是唯一出路。

正当两人论战之际，欧洲上空已经密布战争阴云。1939 年 9 月 1 日，第二次世界大战爆发。身处伦敦的魏茨曼亲历了德国战机无休止的恐怖轰炸，儿子迈克尔的牺牲更让魏茨曼夫妇悲痛欲绝。迈克尔是英国皇家空军的一名战斗机飞行员，在一次空战中阵亡。

"二战"期间，魏茨曼博士经常访问美国，并在那里待了很长一段时间。他会见了富兰克林·罗斯福总统，商谈巴勒斯坦的未来。同时，他在人造橡胶和人造燃料的研究上取得了突破，研究成果被用在军备领域。

"名誉政治家"

"二战"结束后，英国托管当局与伊休夫民兵组织之间交火不断。魏茨曼坚持己见，认为政治 - 外交行动比暴力更可取，在犹太复国主义领袖中逐渐沦为少数派。1946 年 12 月，在瑞士巴塞尔举行的第 22 届犹太复国主义者代表大会上，他落选世界犹太复国主义者联盟主席这一职位。

下野后的哈伊姆·魏茨曼，成了一名"名誉政治家"。伊休夫成立了"阿亚隆研究所"，秘密从事弹药研究和轻武器生产，他对此毫不知情。"二战"结束后，这个研究所开始全力生产，并在以色列建国之初最艰难的几周内提供了大部分弹药。

此时的魏茨曼多种疾病缠身，眼疾尤其让他痛苦不堪。然而，他并没有忘记复国使命。1947 年 11 月，他拖着病体飞往美国与哈里·杜鲁门总统会面，说服他否决英国有关剥夺犹太人在巴勒斯坦南部权利的提议。1947 年 11 月 29 日，在美国的推动下，联合国大会投票通过了《181 号决议案》。决议规定：英国于 1948 年 8 月 1 日之前结束在巴勒斯坦的委任统治，并撤出其军队；两个月后，在巴勒斯坦的土地上建立两个国家，即阿拉伯国和犹太国；耶路撒冷国际化，由联合国管理。

此后，阿拉伯武装和伊休夫的犹太民兵组织交战不断。由于伊休夫的民兵组织之间缺乏协调，战事逐渐恶化，国际政治随之转向。美国国务院要求杜鲁门总统改变立场，一些政治家甚至呼吁联合国就分治决议重新投票。

魏茨曼理解大卫·本 - 古里安面对的种种压力，并致信鼓励："在这个伟大的时刻，我衷心地祝贺你和你的同事们。愿神赐予你力量，使你能肩负重任并克服种种困难。"随后，他于 1948 年 2 月再度赴美，敦促杜鲁门总统履行《181 号决议》。1948 年下半年，魏茨曼在美国度过了大部分时间，协助来自巴勒斯坦和美国本土的犹太领袖们推广犹太国的理念、募集资金。

本 - 古里安没有辜负魏茨曼的支持，他顶住内外部压力，于 1948 年 5 月 14 日宣布以色列建国。当日，他在刚成立的国家电台发表讲话，在以色列建国的无数贡献者中只提到了一个人："他为犹太复国主义的所有解决方案和政策都作出了巨大贡献，他就是哈伊姆·魏茨曼博士。"

两天后，临时议会选举哈伊姆·魏茨曼为议会主席。9 个月后，他当选为以色列国首任总统。

总 统 任 上

在以色列国的政治体制中，总统职位总体上来说是荣誉性的闲职。但是，有着强大个人影响力的哈伊姆·魏茨曼赋予总统职位不一样的内涵。他深度参与国家政策和政府工作，热切关注民生。建国之初，国事千头万绪，魏茨曼视大量引入和安置移民为重中之重。从建国之日至 1949 年年底，以色列吸收了来自 70 个国家的 60 多万名犹太移民，人口数量翻了一倍。

与此同时，哈伊姆·魏茨曼仍在魏茨曼科学研究所从事科研工作，依然是一位特别高产的发明家，在化学、生物、染料和合成橡胶等领域注册了数十项专利。此外，他着力培养年轻科学家，对研究所的每一次科技突破都兴高采烈。

位于魏茨曼科学研究所内的住宅，被魏茨曼用作总统官邸。这处住宅建于 20 世纪 30 年代，由逃离纳粹德国的著名犹太建筑师埃瑞许·孟德尔松设计。院子里停着魏茨曼总统的豪华防弹"林肯"汽车。福特汽车公司只生产了两辆这款车，第一辆赠予美国总统哈里·杜鲁门，第二辆赠予哈伊姆·魏茨曼。魏茨曼的雷霍沃特故居，现作为国家博物馆向公众开放。

1952 年 11 月，哈伊姆·魏茨曼总统逝世，享年 78 岁。14 年后，总统遗孀薇拉逝世。哈伊姆·魏茨曼总统伉俪的墓地就在雷霍沃特故居附近。

尽管已去世数十年，但哈伊姆·魏茨曼在以色列仍然广受尊敬和爱戴，许多人还记得他魁梧的身材、低沉的嗓音以及他的建国功绩。在以色列国的每个大城市，都有一条以哈伊姆·魏茨曼命名的街道。

泽维·贾博廷斯基
Ze'ev Jabotinsky

7 /

泽维·贾博廷斯基：
为生命而战

泽维·贾博廷斯基(Ze'ev Jabotinsky)是一名记者、作家、诗人、翻译家、演说家，也是犹太复国主义运动的领袖之一。他是西奥多·赫茨尔犹太国构想的重建者，创立了犹太复国主义运动的修正派、新犹太复国主义劳工联盟、贝塔尔青年运动，以及第一次世界大战中英国指挥下的犹太军团。他依据犹太传统重构现代福利国家学说，笃信人本主义，尊重性别、种族和国家的平等。

1880 年，泽维·弗拉基米尔·贾博廷斯基出生在黑海沿岸的俄国敖德萨市（现属乌克兰）的一个犹太中产家庭。6 岁丧父后，母亲爱娃抚养他和姐姐他玛，经济上依靠祖父接济。

10 岁时，贾博廷斯基开始创作诗歌，其中一些作品登上了地下校报。三年后，他给各大报刊投稿原创作品和翻译的经典书籍。高中阶段，他在《敖德萨日报》以笔名发表了一篇批判学校评分体系的文章，并担任《南方评论》驻瑞士首都伯尔尼的记者。

在前往伯尔尼的火车上，贾博廷斯基第一次接触到未被同化的传统犹太人的生活方式。"我头一回同贫民区的犹太人一起刷牙。我亲眼目睹了他们的贫穷和卑微。我听说奴隶们都喜欢幽默，但这只是消极面对残暴统治的自娱自乐，而不是积极的奋起反抗……我羞愧地低下头问自己，这就是我们的民族吗？"

1898 年秋，贾博廷斯基移居意大利首都罗马，就读于当地的法学院，并为敖德萨通讯社写稿。他爱上了意大利的语言、文化和氛围。意大利"独立三杰"之一的朱塞佩·加里波第对他产生了深刻影响。根据他后来的自述，他的精神家园是意大利，而不是俄罗斯。

为希伯来语言和文化而战

1901 年夏，贾博廷斯基回到故乡，担任敖德萨通讯社的编辑。他在《人人都是国王》一文中表达了人人平等的观点，因此锒铛入狱。因查无煽动颠覆沙皇政权的实据，他在七周后获释。1903 年 4 月，基希涅夫大屠杀事件发生后，他被通讯社派往调查，在"杀戮之城"见到了犹太民族主义诗人哈伊姆·纳赫曼·比亚利克。比亚利克受敖德萨犹太历史委员会的委托，前来进行调查报道。

在基希涅夫大屠杀事件的刺激下，贾博廷斯基决定加入犹太复国主义劳工联盟。不久，他作为敖德萨代表出席第六届世界犹太复国主义者代表大会，这也是犹太国的构想者西奥多·赫茨尔参加的最后一届会议。此次会议的中心议题是"乌干达计划"，即在英属东非建立一个犹太国家。贾博廷斯基和其他众多代表都反对这项提议。

与领袖赫茨尔的会面，让他终生难忘——"没有什么词比刻骨铭心更适合表达我的心情。我不是那种轻易拜倒在他人膝下之人，我的生命中再也没有一个人像赫茨尔那样给我留下如此深刻的印象，过去没有，将来也不会再有。只有他，让我感觉到自己是真正站在一位命定之人面前，一位受到神召的先知和领袖面前。"

参加第六届世界犹太复国主义者大会是他人生的转折点，此后他开始投身于激进派犹太复国主义运动。他创立了"加地曼"出版社，在俄国出版与犹太复国主义相关的书籍。

贾博廷斯基精通11种欧洲语言，第11种便是希伯来语。他狂热地倡导复兴希伯来语，支持将希伯来语作为未来犹太国的国家语言。1906年在芬兰赫尔辛基举行的世界犹太复国主义者代表大会上，代表们通过了他的政治路线。此后，他开始呼吁"积极推广使用希伯来语，并在耶路撒冷创办一所希伯来语大学"。在1910年世界犹太复国主义者代表大会上，几乎所有代表都说意第绪语，只有他一个人坚持说希伯来语。在1913年世界犹太复国主义者代表大会上，他要求其他代表用希伯来语发言，遭到大多数代表的拒绝。在这次大会上，他还发表了以"恢复以色列民之精神，成为无须依赖土地之民"为主旨的演讲。

那些时日，贾博廷斯基全力以赴与主张社会同化者论战。他认为，犹太人丧失身份、离经叛道，不仅是对犹太宗教、文化遗产和生活方式的遗弃，也是一种精神病态，即使非犹太人也会厌恶蔑视那些弃绝犹太教之人。他四处奔走，发表激动人心的演说，以俄语、法语、德语、希伯来语写作，吸引了欧洲各地的大批犹太听众和读者。

创立犹太军团

1914 年，第一次世界大战爆发。贾博廷斯基告别自 15 岁起就相识的新婚妻子约翰娜·盖尔法琳，受命作为一家俄罗斯报社的战地记者前往西部前线。同年，奥斯曼土耳其帝国参战，加入同盟国。

战争一爆发，许多犹太人（包括未来的以色列国首任总理大卫·本-古里安）表示愿意加入奥斯曼军队，然而巴勒斯坦的犹太人依然被奥斯曼当局驱逐。贾博廷斯基预言奥斯曼土耳其帝国对巴勒斯坦的统治即将告终，提出犹太人民的命运将依赖于"巴勒斯坦从土耳其的统治中解放，且犹太人民必须组成希伯来军队参与其中"。

迫于犹太人的压力，英军司令官勉强同意了组建犹太军团的建议。随后陆续加入犹太军团的战士中，有的是被驱逐出巴勒斯坦的，有的是来自欧洲和美国的犹太志愿者。1917 年 11 月，在犹太军团的标志——"七臂烛台"军旗下，犹太军团参与了英军解放巴勒斯坦的行动。

　　组建犹太军团并参与解放巴勒斯坦，意义重大。从国家角度，可以为在巴勒斯坦建国增加砝码；从政治角度，推动了 1917 年 11 月英国政府《贝尔福宣言》的发表。贾博廷斯基认为："《贝尔福宣言》得以发表，犹太军团有一半的功劳。"

　　七臂烛台，成了以色列国的象征。在《军团画卷》一书中，贾博廷斯基总结了犹太军团的功绩："战争是邪恶的，它必然意味着人类生命的牺牲。今天，没有人可以质问我们：'你们在哪儿？你们当时为什么不出现？'并要求我们犹太人为巴勒斯坦献身。今天，我们可以如此回复质疑者：'五千人参战！要是没有被你们的统治者耽误两年半之久的话，我们还会有更多人参战'。"

　　面对即将退伍回国的军团海外战士们，贾博廷斯基发表了激情洋溢的演讲："你们即将远渡重洋回家。回家后，当你们偶尔浏览报纸时，会读到犹太人在一个自由的犹太国幸福生活的好消息，他们在工厂、大学校园、农田、剧院自由地工作和生活。或许你还会读到有关议员们和部长们的报道。你将陷入深思，报纸从你手中滑落，你开始追忆约旦河谷、拉菲亚背后的沙漠和以法莲山。然后起身，挺直腰板，走到镜子前，自豪地看着镜中的自己，立正、敬礼：这，就是你的功绩！"

毋庸置疑，贾博廷斯基创立犹太军团，是犹太民族历史上的一个转折点。他用事实证明，这个勤勉好学但一直跛足前行的民族，不惧为信仰而战。

修正主义思想的形成

1917 年，英军征服巴勒斯坦后，巴勒斯坦土地上的犹太人和阿拉伯人关系日趋紧张。犹太人期望以和平方式建立以色列国，然而英国托管当局并不支持。巴勒斯坦北部的阿拉伯武装不断发动袭击，1920 年 3 月初，双方的军事斗争趋于白热化。

贾博廷斯基意识到必须在耶路撒冷组织一支民兵武装，并敦促英国托管当局成立犹太人的警察机构。阿拉伯人袭击耶路撒冷的犹太社区时，这些社区得到了贾博廷斯基麾下犹太民兵的保护。此后，民兵组织中有 19 人因"非法持有武器"被英国托管当局逮捕，关押在阿卡监狱。贾博廷斯基也是其一，他被判处 15 年徒刑。几个月后，他和战友们以及阿拉伯冲突者一起被特赦。

1921 年 3 月，贾博廷斯基加入了世界犹太复国主义代表者大会执委会。次年秋，他与执委会的另一位领袖哈伊姆·魏茨曼博士发生严重冲突。在伊休夫与英国托管当局的关系上，魏茨曼倾向满足英方的要求，而贾博廷斯基认为伊休夫应当坚持独立性并对英方进行政治施压。1923 年 1 月争论达到高潮，两人公开决裂，贾博廷斯基退出了执委会。

此后，贾博廷斯基在巴黎担任犹太复国主义周刊《黎明》的编辑。1923年，《铁墙》和《铁墙之外》两本小册子的出版，标志着贾博廷斯基修正派犹太复国主义思想的成型。在书中，他提醒犹太复国主义者不可低估阿拉伯人抵制犹太建国的决心，明确提出用"铁墙"（武力）对抗阿拉伯人的暴力是在巴勒斯坦站稳脚跟的必然选择。

贾博廷斯基修正派犹太复国主义思想的形成，经历了一个过程。起初，他不是一个激进主义者。他希望定居巴勒斯坦，沉浸在纯粹的文学创作中。他支持英国托管当局对巴勒斯坦的管辖，相信"政治施压学说"，认为只要犹太复国主义运动蓬勃开展，英国托管当局就会屈从于压力，回归《贝尔福宣言》中所做的承诺。但时过境迁，他感到忍无可忍，转向以公开斗争方式建立犹太国。

此后，犹太建国的艰难历程，证明了贾博廷斯基的先见之明。许多人认为，修正派思想的形成是犹太复国运动的一个伟大转折点。

创立贝塔尔青年运动

在拉脱维亚共和国首都里加，贾博廷斯基会见了一批希望参与犹太复国主义运动中的犹太青年。他和这批年轻人共同创立了"贝塔尔青年运动（Beitar Movement）"，致力于激励犹太青年推动犹太复国主义运动。作为精神领袖，他投入大量时间和精力建设与巩固贝塔尔组织，他起草的贝塔尔意识形态成为此后几十年以色列右翼政治势力的指导思想。贝塔尔成立的一年后，贾博廷斯基发起改变犹太复国主义政策的修正主义运动，并于1925年召开了首届修正犹太复国主义联盟大会。

1928年，贾博廷斯基决定永久定居巴勒斯坦，并亲自管理一家新成立的保险公司。由于和英国托管当局之间关系紧张，1929年，他被逐出巴勒斯坦，在异国度过了余生。

从提出修正派犹太复国主义思想开始，贾博廷斯基与左翼犹太劳工联盟的矛盾日趋激化。犹太劳工联盟是在巴勒斯坦占主导地位的社会主义性质党派，为了对抗犹太劳工联盟，贾博廷斯基和其追随者创立了"全国劳工联盟（National Labor Federation）"。

1931年，一群深受贾博廷斯基修正主义思想影响的战士脱离哈加纳[1]，组建了激进的"哈加纳B"军事派别,此后改名"伊尔贡"。伊尔贡的军事原则有别于哈加纳，强调在必要时主动进攻。自伊尔贡成立后，贾博廷斯基一直是象征性的最高领袖。

1933年6月，犹太代办处政治和外交部部长哈伊姆·阿罗佐罗夫在特拉维夫海岸边遭到谋杀。贾博廷斯基此前曾公开批评阿罗佐罗夫与德国的谈判，因此，修正派自然难逃嫌疑。三位修正

1　哈格纳是英国统治期间伊休夫的地下准军事组织，以自卫为行动原则。

派成员被指控参与此次谋杀，一年后因查无实据改判无罪释放。

阿罗佐罗夫事件后，伊休夫濒临自相残杀的边缘。在贾博廷斯基的倡议下，他和伊休夫劳工运动领袖大卫·本-古里安展开了一系列重要对话。此后，他们起草了三份协议，旨在平息伊休夫的紧张气氛，促进各犹太政治派别间的和解与合作，以推动实现共同的终极目标——在巴勒斯坦建立犹太国。然而，原本旨在促进合作的协议最终却导致了进一步分裂，修正主义者支持协议，而劳工运动却持反对态度。自此，心灰意冷的贾博廷斯基不再与其他犹太政治派别协作，转向独立行动。

预警欧洲犹太人命运

随着纳粹在德国兴起，贾博廷斯基预感到欧洲犹太人在劫难逃。他到处奔走，呼吁欧洲犹太人移民到巴勒斯坦，"在流放摧毁你之前，先摧毁你的流放"。他对欧洲犹太人黑暗未来的预言，大多被后来的事实证明。

早在1932年，他就发起了一项"非法"（对英国当局而言是非法的）的移民计划，数以万计的犹太难民得以回到巴勒斯坦。1936年，他宣布此"疏散计划"的目标是帮助数百万犹太人逃离欧洲（尤其是波兰）。他竭尽全力动员所有犹太组织共同努力、拯救同胞，但是收效甚微。

贾博廷斯基的"疏散计划"分为两方面。一方面，试图把更多的犹太人从欧洲带到巴勒斯坦；另一方面，与禁止犹太人进入巴勒斯坦的英国托管当局斗争。这种双重斗争使得贾博廷斯基的影响力得到快速增长，拒绝听命于活跃了近35年的犹太复国主义者联盟的复国主义者们纷纷加入，有15 700人参与选举"新犹太复国主义者联盟"。

1936年至1939年，巴勒斯坦爆发了阿拉伯大起义。阿拉伯民族主义运动试图挑起动荡和骚乱，以阻止英国政府履行《贝尔福宣言》。随后，英国政府发表了关于巴勒斯坦政策的《麦克唐纳白皮书》。贾博廷斯基要求英国托管当局"作为巴勒斯坦的委任政府履行其职，否则立即离开巴勒斯坦"。

从被逐出巴勒斯坦起，贾博廷斯基就开始策划反抗英国在巴勒斯坦的统治。第二次世界大战爆发后，拯救欧洲犹太人成为他的工作重心，他也因此搁置各项计划。1940年3月，贾博廷斯基访问美国，一路车马劳顿。虽然他清楚自己患有心脏病，但是未遵医嘱休息。1940年8月初，他前往纽约州的亨特镇参观贝塔尔营地。在迅速检阅完仪仗队并参加接待仪式后，他艰难地走回房间。医生随即赶到，诊断出其患有致命性心脏病。他的临终之言是"我只想休息"，这次休息之后，他再也没能醒来。

在1935年订立的遗嘱中，贾博廷斯基希望最终安葬在建成后的以色列国[1]，当然前提是取得以色列国政府的同意。以色列建

1　泽维·贾博廷斯基是国名"以色列国（State of Israel）"的提出者。

国后，本 - 古里安和摩西·夏里特内阁都没有迎回灵柩，本 - 古里安甚至声称"我们不需要更多的骸骨"。直到 1964 年 3 月 15 日，以色列的第三任总理列维·艾希科尔才同意将泽维·贾博廷斯基夫妇的遗体迎回以色列。

泽维·贾博廷斯基的送葬队伍，是以色列建国以来规模最大的一次。灵柩从美国迁至特拉维夫后，数以万计的人民向这位伟大领袖告别。贾博廷斯基夫妇被安葬在耶路撒冷赫茨尔山上的家族陵墓中，与以色列国的构想者西奥多·赫茨尔之墓比邻。目前，以色列有数十个街道、公园和广场以泽维·贾博廷斯基命名。

泽维·贾博廷斯基的传记作者希勒尔·哈尔金认为，贾博廷斯基在当时几乎每一个重要问题上都比其他所有犹太复国主义领导人更有先见之明。他在当时是一个政治失意者，但影响力持久。他创立的修正主义运动，衍生出现代以色列的"右翼"政党。自 20 世纪 70 年代以来，右翼利库德集团在以色列的政治生活中举足轻重。他的门徒梅纳赫姆·贝京成为以色列转型时期的总理。他的思想后裔[1]主宰着以色列的当今政治。

1　以色列现任总理本雅明·内塔尼亚胡，是本 - 古里安以来任职时间最长的总理，其父本 - 锡安·内塔尼亚胡曾是泽维·贾博廷斯基的秘书。

大卫·本-古里安

David Ben-Gurion

8 /

大卫·本-古里安：
以色列国父

以色列建国之父大卫·本 - 古里安（David Ben-Gurion）被认为是犹太民族数千年历史中最伟大的人物之一。

大卫·本 - 古里安原名大卫·约瑟夫·格林（David Joseph Green），于 1886 年出生在俄国普隆斯克镇（现属波兰）的一个富裕犹太家庭。小大卫活泼好动，大脑袋与年龄不成比例，父亲阿维格多·格林为此颇为担心。经过检查，医生认为大卫一切正常，对阿维格多打趣说："有这样的大脑袋，今后很可能当总理。"大卫从 5 岁起接受正规教育，学习犹太宗教和希伯来语，后来在俄罗斯学校学习俄语并接触了一些俄国文学作品。

11 岁时母亲谢因德尔离世，在大卫心里留下了数年的阴影。

同年，大卫听说了现代犹太复国主义的创始人西奥多·赫茨尔博士。尚处童年的大卫被赫茨尔的魅力所吸引，从此决心献身于犹太民族的伟大复兴。大卫与小伙伴们成立了一个名为"以撒拉"[1]的希伯来语社团。社团成员之间只讲未来国家的官方语言——希伯来语，禁止使用其他语言，波兰语和东欧犹太人通用的意第绪语也不例外。他们甚至试图影响大人们也只说希伯来语。

大卫聪明伶俐、天资过人，父亲阿维格多对他寄予厚望。当阿维格多听说在奥匈帝国首都维也纳开设了一所拉比学校时，决定将大卫送去就读。由于推荐信是入学的必要条件之一，阿维格多决定求助赫茨尔博士。阿维格多说，他15岁的儿子在宗教和世俗的研究方面打下了良好基础，通晓多种语言，而且是数学方面的神童。如果大卫能去这所学校学习，今后一定会成为一名杰出的拉比。阿维格多并没有收到赫茨尔的答复，但这对于犹太民族来说是一件幸事。

1904年，18岁的大卫来到波兰首都华沙，申请就读一所技术学院。由于俄国限制高等教育机构中的犹太人数量，他被取消了入学资格。在华沙，他加入了推崇社会主义和犹太复国主义的锡安工人党（Poalei Zion）。同年，44岁的赫茨尔英年早逝。噩耗传来，大卫悲痛地写道："我们成了孤儿，我们失去了所有梦想，因为造梦者已逝。"然而，年轻的大卫并未放弃梦想，他说："虽

1　以撒拉（Ezra）在希伯来语中意为"帮助"，也是2500年前带领犹太人从巴比伦回归故土的领导者的名字。

然太阳已经湮灭，但它的光辉仍在闪耀，在我们心中播下的火种不会熄灭。"

踏上巴勒斯坦

大卫·格林坚信，犹太复国运动的中心一定是在犹太人的故土。1906 年，他乘船抵达巴勒斯坦。登岸后，他迫不及待地给远在家乡的父亲寄去一张明信片，上面写着："万岁！今早 9 点，我终于踏上了雅法海滩。我感觉棒极了，心中充满了信念和勇气！"对于大卫·格林来说，从那天起，生日不再是他降生于普隆斯克镇的日子，而是他初次踏上巴勒斯坦的那一天。

当时的巴勒斯坦炎热、荒凉，在区区几十万居民中，大多数是阿拉伯人。犹太人虽然为数不多，但是构成复杂：少数人从未离开过这片土地，即使在罗马大流放之后；有的是几个世代以前陆陆续续回归到这片土地；另有一些新移民，他们在过去的几十年中从欧洲和中东国家来到这里。

大卫·格林是几百名"开拓者"青年中的一员。他们做好了承担任何艰苦劳动的准备，尽管生活条件简朴，疟疾肆虐，他们依然一往无前。疟疾是那时的一种常见病，由于奥斯曼土耳其帝国未采取任何控制措施，巴勒斯坦的许多居民受到感染。在佩塔提克瓦橘子园，大卫白天用骡子或牛耕地，晚上守园。同时，他积极参与锡安工人党以色列支部的活动，并在机构中当选各种职位。即便在这样艰苦的条件下，大卫也没有停止他毕生的爱好：读书和写作。一次，他赶着耕牛边走边阅读，等读完抬起头，才发现牛早就跑到别处吃草去了。

1910 年，锡安工人党的领导者决定创办《团结》杂志，以演讲和写作能力闻名的本 - 古里安被调入编委会。当发表第一篇文章时，他参考古犹太历史上纳克迪蒙·本 - 古里安的名字[1]将自己改名为大卫·本 - 古里安。他在《团结》上发表了许多文章——从对犹太国和奥斯曼土耳其帝国的思考，到戏剧评价。1912 年，带着取得奥斯曼土耳其帝国国籍、在帝国内部争取犹太人权益的目的，他进入伊斯坦布尔大学攻读法律学。入学前的几个月中，他在私人教师的辅导下很快精通了土耳其语。

1914 年夏天，本 - 古里安回到巴勒斯坦度暑假时，第一次世界大战爆发。几个月后，土耳其加入同盟国。尽管本 - 古里安及其锡安工人党的同志们表示效忠奥斯曼土耳其帝国，并准备入伍，但还是遭到巴勒斯坦土耳其统治者的驱逐。

几经曲折之后，本 - 古里安来到了美国。他与在巴勒斯坦时期的老朋友伊扎克·本 - 兹维[2]一起，为锡安工人党的美国支部工作。在纽约，本 - 古里安结识了犹太护士保拉·芒维斯。他告知保拉，

---

1 纳克迪蒙·本 - 古里安（Nakdimon Ben-Gurion），是 2 000 年前耶路撒冷的杰出领袖。

2 伊扎克·本 - 兹维（Yitzhak Ben-Zvi），以色列历史学家，犹太复国运动领袖，以色列第二任总统，也是以色列任期最长的总统。他为以色列建国奠定了基础的政治、经济和军事体制。

如果她同意嫁给他，那就得准备离开美国，去一块"狭小而贫瘠的土地，那里没有电，没有煤气，也没有电车"。1917年12月5日，保拉匆匆离开手术室，来到纽约市政厅，和等在那里的本 - 古里安一起走进婚姻登记处。随后新娘匆匆赶回医院，那里有一个紧急手术正等着她，而新郎则赶往锡安工人党执委会的一个会场。

1917年，英国政府发表《贝尔福宣言》。本 - 古里安和本 - 兹维在美国组织犹太志愿者，准备加入英军、为将土耳其统治者逐出巴勒斯坦而战。在抵达中东后，大女儿出生，本 - 古里安为她取名古拉（Geula，意为"救赎"）——寓意着犹太人回归巴勒斯坦的时刻已经指日可待。

成为世界犹太复国运动两巨头之一

赶走土耳其统治者后，本 - 古里安致力于整合伊休夫的犹太劳工党，培养未来建国的中流砥柱。从1921年至1935年，他一直担任犹太工人总工会[1]的书记，以铁腕领导总工会，将其发展成为巴勒斯坦最重要的政治、经济与社会力量，巴勒斯坦近一半的成年犹太人是或曾经是总工会成员。

20世纪20年代早期，保拉·本 - 古里安带着女儿古拉也来到巴勒斯坦，与丈夫团聚。他们又有了两个孩子——阿摩司和莱

---

1 犹太工人总工会（伊休夫的工会组织），承担了职业联盟、开荒定居、教育文化、医疗卫生和安全建设等几乎所有社会职能。

娜。1930年，本-古里安夫妇在特拉维夫一个新兴的工人社区安家，社区在未来几年迅速发展成了小镇。

在紧张的政治活动之余，本-古里安抓紧一切时间读书、写作。由于常年的工作压力，他不到40岁便双鬓斑白、秃顶，同事们（包括比他年长的政治家们）都称呼他为"老男人"。

1933年，在布拉格举行的第18届世界犹太复国主义者代表大会上，本-古里安的左翼劳工派以绝对多数击败贾博廷斯基的右翼修正主义派，他本人当选执委。两年后，他毫无悬念地当选为世界犹太复国主义者代表大会执委会主席，一直任职到1948年，与哈伊姆·魏茨曼博士并称世界犹太复国运动两巨头。

为了落实《贝尔福宣言》，本-古里安深入研究同处巴勒斯坦的阿拉伯人，频繁与阿拉伯领导人、英国等国家的领导人会晤。1939年5月，英国颁布了《麦克唐纳白皮书》，废除了英国在《贝尔福宣言》中对犹太人的承诺，转而支持阿拉伯人。本-古里安十分愤怒，断言"外交犹太复国主义"的结束和"战斗的犹太复国主义"时代的开始。

第二次世界大战爆发后，英国成为欧洲抵抗纳粹德国的主要力量。本-古里安代表伊休夫发表了立场鲜明的讲话："我们将和英国一起同希特勒作战，就像没有白皮书一样；我们将反对白皮书，就像没有战争一样。"

在英国托管的30年间，巴勒斯坦逐步形成了犹太人半自治的局面。1918年时，巴勒斯坦仅有5万犹太人（比"一战"前减少了 3 万人）。由于犹太人从世界各地移民至故土和人口自然增加，1948 年建国时犹太人口上升到 60 万。

在伊休夫时期，运作一个国家所必需的组件几乎都已成型。在英国托管当局的认可下，犹太代办处管理犹太内部事务，起着类似政府的作用。根据国际联盟（联合国的前身）对英国政府的强制令，代办处的职责是在巴勒斯坦促进犹太家园的建设，并为之后建立犹太国做准备。

建 国 考 验

在 1939 年至 1945 年的第二次世界大战期间，本 - 古里安专注于加强伊休夫的军事力量。"二战"结束后，他奔波于英国和美国为建国创造政治条件。他说："就像第一次世界大战给予了犹太人《巴尔福宣言》一样，第二次世界大战将为犹太人带来自己的国家。德国纳粹屠杀了 600 万犹太人，占欧洲犹太人总数的三分之二。这是我们必须重建犹太国的另一个重要理由，我们要让上百万犹太幸存者重返故土。"

1946 年年末，本 - 古里安身兼犹太代办处的主席和安全部长。在此后的一年里，他加快建设犹太武装哈加纳，这支民兵部队后来成为对抗英军和阿拉伯武装的主力。

1947 年 11 月 29 日，联合国大会投票通过了《181 号决议案》，将巴勒斯坦分割为犹太国和阿拉伯国。犹太人接受《181 号决议案》，但阿拉伯人却拒绝了，并以战争扼杀犹太人在巴勒斯坦建国的任何可能性。英国宣布，将于 1948 年 5 月 15 日正式结束对巴勒斯坦的统治。

此时的本 - 古里安，面临着一生中最大的考验。阿拉伯邻国（埃及、约旦、叙利亚、黎巴嫩和伊拉克）的五支军队正蓄势待发。由于不看好伊休夫的军事实力，美国政府对本 - 古里安施压，迫使他推迟宣布独立。伊休夫的一些领导人也担心难以抵挡阿拉伯军队的入侵。

此时宣布成立犹太国合适吗？还是推迟宣布独立，另择时机呢？

危难之际，本 - 古里安显示出伟人本色。1948 年 5 月 14 日下午 4 点 37 分，在特拉维夫现代艺术博物馆，他用小木槌敲响桌子，以沙哑的嗓音宣布："以色列国成立了！"

从罗马帝国大叛乱起流离失所近 2 000 年后，犹太人终于有了自己的国家！

此时，距英国结束对巴勒斯坦的统治不足八小时，在举国欢庆的喧闹声中，临时政府总理兼国防部长本 - 古里安思考着应对阿拉伯联军的对策。当天午夜，阿拉伯军队从四面八方入侵以色列领土，几个未设防的主要城市遭受了（最初是单方面的）空袭。

建国当月，本 - 古里安解散了包括哈加纳（包括其最精锐的帕尔马赫）、伊尔贡和莱希在内的所有民兵组织，重新组建一支没有政治属性、绝对服从国家的正规军——以色列国防军（Israeli

Defense Force，IDF）。

总 理 任 上

本 - 古里安所作的每一项政治决策，都是基于至高无上的国家利益。独立战争胜利后，他竭尽所能地减少政治分裂，寻求团结统一。尽管如此，他仍然保留着社会主义的世界观，以此领导着执政党——巴勒斯坦工人党（MAPAI，也称"马培党"）和以色列国。以色列接受了大量来自欧洲和中东的移民，建国十年内人口增加了两倍，这样大比例的人口扩张在世界任何地方都绝无仅有。大多数移民都穷困潦倒，依靠国家获得住所和工作。

本 - 古里安倡导精神至上，认为国家不可能在唯物的基础上存在。独立战争结束后，他马上召集了文化、艺术和科学领域的专家们，对他们说："我们赢得了战争！现在你们可以告诉我该如何领导处于和平中的国家了。"

在担任总理五年后，他休了一段长假。67 岁的本 - 古里安带着两个目的加入南部沙漠深处的斯德博克基布兹：其一，为年轻人做示范在沙漠志愿服务，让沙漠盛开花朵；第二，从高强度的政治活动中解脱出来，用阅读和写作来充电。本 - 古里安一生好学，他阅读过的书籍覆盖了七种语言，其中包括古希腊语。每一次出国旅行，他都要驻足当地书店。

在基布兹，他每天上午和其他人一样在羊圈里干活。下午和晚上，他阅读、写作，接待国内外访客。虽然身处内阁官邸之外，但他依然对以色列政治拥有无与伦比的影响力。休假一年后，他重回内阁，又担任了八年总理和国防部长。他交替居住在耶路撒冷的官邸、特拉维夫的家中和斯德博克的木屋里。他激进地推行国家安全政策，以确保以色列未来几十年的实力。1963年，他正式退休。

精 神 领 袖

77岁的本-古里安，迎来了人生的暮年。他希望拥有至少15年的余生，用来写作以色列国的历史，从他登上巴勒斯坦重生的那天写起，直到他的最后时光。不幸的是，上天留给他的只有十年。他一直住在斯德博克的木屋里，笔耕不止。他一生中著书数十部，第一部《从阶级到个人》有关社会和政治，第二部《我们与邻居们》讨论了巴勒斯坦的伊休夫与阿拉伯人之间的关系，最著名的《复兴的以色列国》以精美的文字描述了犹太国在流亡近两千年后的重生。

在以色列国的所有领导人中，大卫·本-古里安是名副其实的精神领袖。他经常会见作家和诗人，阅读《托拉》以及有关希腊、罗马、印度和中国历史文化的书籍。他将这些世界名著译成希伯来语，尤其看重东亚著作(包括中国的《论语》)。在访问缅甸期间，他在一间与世隔绝的佛教寺庙中修行了一周。

在生活中，本-古里安几乎没有私人朋友。他强势霸道，得理不饶人，难以相处，经常与反对派的成员甚至和本党同人发生争执。晚年，他变得稍微温和一些，无意间填补了"国之慈父"的角色。他一生为犹太民族奔走操劳，却从未想过获得任何感激或是表彰。1968 年，他拒绝接受国家最高荣誉奖——"以色列奖"。他说："我所做的都是对国家应尽的职责，无需任何褒奖。"

1968 年，保拉·本 - 古里安去世，安葬于斯德博克沙漠深处的一处墓地。1973 年 12 月 1 日，87 岁的大卫·本 - 古里安与世长辞，被安葬在妻子旁边，以色列举国哀悼了整整一周。

数年后，英国广播公司（BBC）播出了 20 世纪杰出人物的系列纪录片，包括了几位大国领导人，如英国的温斯顿·丘吉尔、美国的富兰克林·罗斯福、苏联的斯大林、印度的圣雄甘地以及中华人民共和国的毛泽东，小国总理大卫·本 - 古里安也名列其中。栏目编辑们确信，大卫·本 - 古里安的伟大人格和独一无二的政治功勋足以让他彪炳史册。

在特拉维夫海边的沙滩上，立有大卫·本 - 古里安拿大顶的雕像。这是他生前的爱好，人民以这种朴素而亲切的方式纪念他们敬爱的国父。

果尔达·梅厄

Golda Meir

9 /

果尔达·梅厄：
中东铁娘子

　　果尔达·梅厄（Golda Meir）是以色列建国领袖之一，也是迄今为止唯一一位女性总理。早在英国首相玛格利特·撒切尔之前，果尔达·梅厄就以"不妥协"的强硬风格被外界称为世界第一"铁娘子"，被国父大卫·本-古里安戏称为"内阁中的唯一男士"。

　　1898 年 5 月 3 日，果尔达·梅厄出生于俄国基辅（现乌克兰首都）的一个犹太工人家庭。在梅厄的童年记忆中，充满了挨饿，以及对抢掠和屠杀的恐怖。1905 年，俄国在日俄战争中战败，随即升级了对犹太人的残暴统治。父母带着家人赶在大屠杀之前逃到了美国威斯康星州密尔沃基市，当时梅厄 8 岁。

　　每天放学后，梅厄在家里的杂货店帮工。11 岁时，她组织了一次募捐活动并第一次登台演讲。小学毕业后，在母亲的要求下，她辍学料理杂货店。14岁时，因为不能忍受母亲把她许配给一个比她大许多岁的男人，她投奔在科罗拉多州丹佛市的姐姐里贾纳。她白天做着裁缝活，晚上听来姐姐家聚会的俄国犹太移民们聊天，由此接触了犹太复国主义思想，并且认识了未来的丈夫莫里斯·梅尔森。莫里斯博学、幽默，用她的话说，"他从内到外都是绅士"，两人开始恋爱。

过了一段时间，思念父母的梅厄回到密尔沃基，发现家中已经成为犹太复国主义分子的集会地。客人中，包括被奥斯曼土耳其帝国逐出巴勒斯坦的大卫·本-古里安和伊扎克·本-兹维。这两位日后的以色列第一任总理和第二任总统，以及其他政治家们，在梅厄的心中播下了政治实践主义的种子。

踏上巴勒斯坦，步入政坛

1917年12月，正值英国赶走奥斯曼土耳其帝国、接管耶路撒冷之时，梅厄与莫里斯成婚。1917年12月2日英国发表《贝尔福宣言》后，她敏感地意识到复国有望，而她的未来就在巴勒斯坦。莫里斯虽是一个犹太复国主义者，但并不像妻子那样执着。尽管如此，他还是追随妻子决定移居巴勒斯坦。1920年，他们迁居港口纽约，开始作远航准备。1921年5月，他们带着一台手摇录音机和几条毯子登上了一艘小型汽轮的甲板，驶向未知的巴勒斯坦。在海上颠簸了几周后，他们在英国统治下的埃及上岸，接着又坐了长时间的火车，终于到达不足 4 000 人的特拉维夫。

带着对开拓者生活的向往，梅尔森夫妇前往耶斯列谷的摩拉维亚基布兹，之后又搬到了靠近前线的犹太人定居点。基布兹建设初期的生活异常艰辛，拓荒者住在帐篷中，从事繁重的农活。除了农作，妇女们还承担着家务。梅厄在回忆录中说，那时她很乐意在厨房里工作，因为可以改善农庄成员糟糕的伙食。她依然热衷社会活动，被选为基布兹犹太工会的代表。1923 年春天，在恶劣的生活条件下，莫里斯生病了。25 岁的梅厄想要一个孩子，两人便回到了特拉维夫，之后迁居耶路撒冷，一起在一家从事道路建设的建筑公司工作。

1924 年，梅尔森夫妇有了儿子梅纳赫姆，两年后女儿萨拉降生。抚养着孩子的梅厄无法拥有一份全职工作，只能靠清洁和洗衣等临时工作来贴补家用。1927 年，梅厄被任命为犹太工人总工会下辖女工委员会的书记，犹太工人总工会后来成为伊休夫的主导力量。果尔达·梅厄带着孩子们搬回了特拉维夫，而莫里斯仍留在耶路撒冷。虽然两人从未离婚，但事实上此后一直分居。

当时，伊休夫的大多数犹太移民来自欧洲大陆，尤其是东欧。来自美国的梅厄显得与众不同，她擅长演讲，开始在公共场合和政党论坛上崭露头角。她的英语近乎完美，这使她多次被派往美国宣传伊休夫劳工运动和开展筹款活动。

1930 年，马培党成立。此后直至以色列建国初期的 50 年间，该党在巴勒斯坦的犹太组织中独占鳌头。作为党的主要领导人之一，果尔达·梅厄出任驻犹太工人总工会和犹太代办处的代表。20世纪40年代，她担任犹太代办处政治部门的负责人。

建 国 贡 献

1948年以色列建国前后，梅厄开始担纲外交角色。她与约旦国王阿卜杜拉进行了私人会谈，劝说他不要卷入阿拉伯邻国对巴勒斯坦的进攻。她的努力取得了一定成果，1947年11月，阿卜杜拉国王答应了她的要求。然而到了1948年春天，阿卜杜拉反悔了。1948年5月10日，梅厄临危受命，乔装成阿拉伯老妇人秘密潜入约旦。

在约旦王宫里，面色苍白、神情尴尬的阿卜杜拉国王这样解释："当我作出承诺时，我以为能主宰自己的命运。但现在看来，事实并非如此，我无法以一敌四。"事实上，在联合国大会投票通过了《181号决议案》之后，五个阿拉伯国家（伊拉克、叙利亚、埃及、黎巴嫩和约旦）已经作出了进攻巴勒斯坦的决定。

国王要求梅厄不要急于宣布犹太国的建立，梅厄回击："我们已经等了两千年，这还算着急吗？"在离开王宫时，梅厄对国王说："战争将不可避免，但我们会赢。以后我们也许还会见面，到那时，战争已经结束，犹太国已成为不争的事实。"

独立战争爆发前后，犹太领导层面临的最大困难是缺少重型武器，以及购买、维护军火所需的大量资金。他们明白，只有从美国的犹太社区才可能筹资 1 000 万至 2 000 万美元。在当时，这无疑是一笔巨款。

即将成为以色列首任总理的大卫·本-古里安决定亲自前往美国，组织筹集资金的活动。但是，梅厄坚决反对。她对本-古里安说："在这里，没有人能取代你。但在美国，你能做到的我也同样可以做到。"她在未经协调和安排议程的情况下抵达美国，并直奔主题。在芝加哥举行的一次犹太人大型会议上，她激动地说："朋友们，我们正在战斗。我们的英雄主义精神抵挡不了敌人的机枪子弹。无论你们是否支持，我们都将战斗到底……但是，你们能决定我们是否能在这场战争中获胜。"在场的美国犹太富人们无不热泪盈眶，向她敞开了心扉和口袋。短短两个月内，她筹到的不是 1 000 万、2 000 万，而是 5 000 万美元！

1948 年 5 月 14 日，梅厄回到特拉维夫，参加英国托管结束当日举行的以色列建国典礼。在签署以色列国《独立宣言》的仪式上，果尔达·梅厄是 37 名代表中仅有的两名女性之一。两天后，本-古里安通知她立即返回美国继续筹款。次日，在她动身之前，新任外交部长摩西·夏里特与她会面，暗示她可能很快就会被派往莫斯科。强大的苏联是最早承认以色列国的国家之一，也是梅厄的出生地，她自然是以色列驻苏联第一任大使的最佳人选。

完成访美、返回以色列后，梅厄发现驻苏联大使的委任已经得到了以色列政府和苏联政府的批准。让她感到欣慰的是，原在基布兹的女儿萨拉和女婿撒迦利亚作为大使馆的无线电操作员随行。

9 月 2 日，梅厄带着工作人员抵达莫斯科，受到苏联政府的热情接待。然而，在大屠杀中幸存的 300 万苏联犹太人，正生活在一个集体迫害犹太人并禁止他们表达对以色列国情结的政权下——这是梅厄着陆时的不成文限制。那一刻，每一个犹太人都念叨着"我们的果尔达"。哈桑纳节（犹太新年），确定在莫斯科中央犹太教堂举行。在得知梅厄和使馆工作人员参加后，往年只有区区几十名老人前来的教堂聚集了数万名犹太人。苏联从未发生过如此展示犹太人存在感的全国性集会，对于约瑟夫·斯大林来说当然不可容忍。

果尔达·梅厄在莫斯科的任职时间不到 7 个月，未能目睹苏联犹太人在斯大林统治最后几年所遭受的迫害。1949 年 1 月临时议会选举后，她回到以色列，被任命为第一届内阁的劳工部长。任职 7 年后，她又担任了 10 年的外交部长。那些年（1956 年到 1966 年），她积极拓展与几十个新独立国家（主要在非洲和亚洲）的关系。

就 任 总 理

此后，梅厄退出了外交角色，投身于党内事务。她领导的马培党，与另外两个工人党合并成了工党。1969 年年初，列维·埃斯科尔总理突然去世。在继任者选举中，梅厄舆情很高，但她一再回绝。对于 70 多岁的梅厄来说，总理职责过于沉重。面对党内压力，她决定与儿女们商量。儿子梅纳赫姆是一位著名的大提琴家，当时正在国外，梅厄和他通了电话。女儿萨拉和女婿撒迦利亚从地处内盖夫沙漠的雷维维姆基布兹回来，三个人坐谈了一整夜。黎明时分，女儿说："妈妈，您别无选择。我们知道这对您来说非常困难，比任何人想象的都难，但您的回答必须是'同意'。"

最终，梅厄答应了，并在工党内部的选举中毫无悬念地获得通过。当被问及感受时，她回答说："说实话，我从未想过当总理。当年，我移民巴勒斯坦，加入基布兹和参加劳工运动，担任过很多角色。现在，我必须每天作出影响数百万人生活的决策。"

1969年3月17日，以色列议会通过了对果尔达·梅厄五年期内阁的任命。其后几年发生了一连串的大事件，包括两场战争（消耗战和赎罪日战争）、经济飙升、为20多万新移民提供住房和就业等。在理查德·尼克松担任美国总统期间，梅厄总理加深了以色列与美国的关系。访问美国时，她被当作美国人一样受到盛情款待，她年轻时就读的密尔沃基学校也成了全美的焦点。她会见了包括梵蒂冈教皇在内的数十位国家元首，并向他们表达了让以色列公民过上安全、富裕生活的愿景以及实现中东和平的决心。

当时国内外局势风云变幻，她的总理工作没有片刻松懈。对于不时袭击以色列人的巴勒斯坦人，不管是国内还是国外（巴解组织引入了空中恐怖行动——飞机劫持），都必须采取致命的武装反击。她挂念着那些在敌后作战、受其命令追捕敌人的"孩子们"，度过了无数个不眠之夜。

1973 年春，来自世界各地的犹太代表与以色列国民共同庆祝以色列建国 25 周年。果尔达·梅厄是当时唯一的女性国家元首，在她的治理下，以色列已经成为一个接纳近 200 万移民的发达国家，并拥有强大的经济和军队。

赎罪日战争

国庆后不到 6 个月，以色列遭受了一次沉重的打击：以色列南北部的邻国埃及和叙利亚，在以色列最神圣的赎罪日[1] 联合发起了突袭。自 1973 年 9 月起，梅厄开始写自传《我的生活》，其中提道："我们收到叙利亚军队在戈兰高地集结的情报，这是令人担忧的迹象。"

1973 年 10 月初，从苏伊士运河沿线与埃及的停火线传来埃及军队集结的情报。梅厄总理感到以色列正处于危险之中，但是军方认为埃及军队只是在进行军事演习。她判断，如果没有埃及的加入，叙利亚将不会独自开战。

10 月 5 日（星期五），以色列情报部门发现，驻叙利亚的苏联顾问们正带着家人匆忙离开。梅厄总理获悉后深感担忧，但军方领导人仍向她保证，叙利亚和埃及发动战争的可能性不大，以

---

1 赎罪日（Yom Kippur）是犹太人一年中最重要的圣日，在新年过后的第 10 天。按照犹太传统，赎罪日应禁食、停工、祈祷，以赎回他们在过去一年中所犯的罪过。

色列国防军、空军和装甲部队已进入高度戒备。

在赎罪日到来之前，梅厄与军方举行了最后一次内阁会议。尽管军方再次向她保证不会发生战争，但她心存顾虑。她后来承认："我应该克服自己的犹豫……我应该听从内心的警告，下令召集大批预备役人员。"第二天下午，战争爆发，以色列陷入了险境。梅厄无法原谅自己未能作出前瞻性的决定，她说："这段可怕的经历将伴随我度过余生。"

10月6日赎罪日的早晨，即将开战的迹象已经十分明显。情报部门判断，战争很可能在日落时分爆发。下午两点，防空警报声响彻全国。在随后的电台广播中，梅厄没有流露内心的担忧："以色列的公民们，今天下午两点左右，埃及和叙利亚的军队在西奈半岛和戈兰高地对以色列发动了进攻。以色列国防军正在反击敌军，敌人伤亡惨重。敌人希望在赎罪日这天给以色列人民一个'惊喜'。他们以为我们并没有做好准备，但事实上我们早已严阵以待。"

实际情况比梅厄所说严重得多，坏消息不断传来，以色列一些政界和军界领导人开始恐慌，但梅厄镇定自若。后来，她这样回忆自己在那段艰难时期的感受："如果我没有在长期度日如年的岁月中变得坚强，我将粉身碎骨。但我并没有被击倒。"

接下来的几天，以色列国防军完成了预备役动员和重组，开始全力反击。国防部长摩西·达扬走进总理办公室，关上门问她是否应该引咎辞职。梅厄总理拒绝了他的提议，命令他继续工作。她求助于美国政府，请求他们提供以色列缺少的武器和军事装备，以平衡苏联向埃及和叙利亚提供的援助。美方作出了回应，在战争的第 11 天，一架庞大的"空中列车"投入使用，帮助以色列赢得了此役。

然而，赎罪日战争的胜利显得有些苦涩。从战场归来的士兵们举行了抗议活动，指责政府和以色列国防军的最高指挥官未能预见这场战争并做好准备。几个月后，调查委员会宣布让选民们自己得出结论。尽管没有受到调查委员会的指责，1974 年 4 月梅厄决定辞职，并将重任移交给年轻一代的领导人伊扎克·拉宾。拉宾是"六日战争"期间的以色列国防军参谋长、前驻美大使。

晚 年 时 光

当被问及 50 多年来在以色列的生活时，果尔达·梅厄说："我的人生充满了幸运。我不仅见证了以色列国的诞生，也见证了它接纳来自世界各地的犹太人民。1921 年我来到这个国家时，犹太人不足 8 万，任何一个犹太人能否入境都取决于英国政府颁发的一纸证书。如今，我们是一个 300 多万人口的国家。我感恩能生活在这样一个国家，国民们学会了如何生活在这片沾染过仇恨的土地上，而不憎恨那些想置他们于死地的人，也不放弃和平的梦想。这是以色列生活方式的一部分。"

晚年的果尔达·梅厄不再为国家、战争以及全球和地区性的经济问题操心。她终于成为一个自由的普通公民，经常会见家人以及希望倾听她对时事看法的国内外友人。她几乎每个周末都要去雷维维姆基布兹看望女儿萨拉一家。基布兹为她提供了一间小公寓，这常常让她回忆起当年在基布兹的时光。

在生命的最后几年里，果尔达·梅厄是尚健在的几位建国者之一，被尊称为"部落的长者"。1977年，埃及总统安瓦尔·萨达特对以色列进行历史性的访问，他会见了果尔达·梅厄。两人在四年前的赎罪日战争中曾是宿敌，而此刻他们激动地握手。萨达特的孙女两天前刚刚出生，梅厄送上一份贺礼。这份"祖母送给祖父"的礼物包括一对耳环、一只手镯和一条金项链。萨达特知道这位前总理烟不离手，回赠她一大银盒的香烟。

1978年5月，以色列国为果尔达·梅厄庆祝80岁生日。几个月后，她一病不起，于1978年12月8日离世。

在果尔达·梅厄去世的前一年，美国戏剧作家威廉·吉布森写了一部关于她生平的戏剧，并在百老汇上演。梅厄的角色由女演员安·班克罗夫特扮演。这部戏剧票房不佳，梅厄认为是自己的人物特征并未得到充分呈现之故，因而对此并无遗憾。1982年，由著名影星英格丽·褒曼主演的一部讲述梅厄生平的电影大获成功。

去世后，果尔达·梅厄受到以色列和全世界的高度赞扬。埃及总统萨达特写道："历史将铭记，在以色列和埃及对峙期间这位崇高而公正的对手——果尔达·梅厄。"

梅纳赫姆·贝京

Menachem Begin

10/

梅纳赫姆·贝京:
从民兵领袖到总理

　　如果没有传奇人物梅纳赫姆·贝京（Menachem Begin），以色列国的历史将被改写。他不惧艰险，铸就了一支重要的武装力量；他顾全大局，避免了因内斗而失去建国良机；他百折不挠，败选八次仍能站到人生巅峰，实现几十年的夙愿——成为以色列总理。

　　1913 年，梅纳赫姆·贝京出生于俄国布列斯特（现属白俄罗斯）的一个犹太富商家庭。"一战"后，布列斯特归属波兰，贝京成了波兰公民。当时的波兰有 300 多万犹太人，占波兰总人口的 10%。在华沙期间，他认识了犹太复国主义修正派领袖泽维·贾博廷斯基。1935 年从华沙大学法律系毕业后，他全身心投入贝塔尔运动。三年后，年仅 25 岁的贝京成为贝塔尔波兰支部负责人。

踏上巴勒斯坦，成为伊尔贡领导

1939 年 9 月，第二次世界大战爆发。德军在几周后占领了波兰，贝京和妻子阿莉扎逃往维尔纳。在苏联的允许下，立陶宛将维尔纳从波兰夺走。但数月后，立陶宛和维尔纳都被苏联吞并。"反动的"犹太复国主义者贝京，被苏联判处 8 年徒刑，并流放到西伯利亚。几个月之后，纳粹入侵苏联，苏联政府和波兰流亡政府就组建波兰流亡军队达成协议，贝京由此被释并入伍。这支苏联将军指挥下的波兰军队，跨越边境进入波斯（现伊朗），之后又进入英国统治下的中东地区。

1942 年，梅纳赫姆·贝京历经坎坷前往巴勒斯坦，与妻子阿莉扎重逢。当时的英国政府限制犹太人移民至巴勒斯坦，即使在纳粹大肆杀戮犹太人期间也是如此。阿莉扎在历经土耳其的动荡之旅后又被英国政府扣留了几周，最后终于抵达巴勒斯坦。

1940 年泽维·贾博廷斯基逝世后，伊尔贡领导层出现权力真空。1940 年 7 月，亚伯拉罕·斯特恩带着几十名战士脱离伊尔贡，成立了更为激进的莱希组织（又称"斯特恩帮"）。莱希视英国托管当局为最大的敌人，经常发动针对英国人的小规模游击战，例如刺杀英国军官和政府官员。

贝京威严又有耐心，是个富有魅力的天才演说家，加入群龙无首的伊尔贡后很快脱颖而出。1943 年 12 月正式成为伊尔贡领导人后，贝京提出伊尔贡的最终目标：驱逐英国政府的统治，在整个巴勒斯坦建立犹太国。

此后至以色列建国的四年半中，贝京指挥伊尔贡发动了上百场针对英国托管当局的袭击，主要攻击目标是政府部门、军队和警察部门、铁路和机场系统。

英国当局到处散发印有贝京头像的传单，悬赏捉拿贝京。贝京和妻子阿莉扎不断更换住处和身份，带着年幼的一儿一女躲避英国当局的抓捕。

顾全大局，避免内战

1944 年 11 月 6 日，莱希成员在开罗刺杀了反对犹太人移民至巴勒斯坦的英国国务大臣莫因勋爵及其司机。伊休夫领导层认为，"二战"结束前不应当武力反对英国托管当局，莱希和伊尔贡的激进行动将使英国人迁怒于整个伊休夫，从而对复国大局不利。经本 - 古里安批准，哈加纳决定取缔其他民兵组织。1944 年 11 月至 1945 年 3 月的"狩猎季"，帕尔马赫的一支特种部队负责搜寻伊尔贡和莱希成员，抓获后即送英国托管当局，许多人被处绞刑。

贝京会见了哈加纳的领导人，表达了对这种自相残杀行为的极度愤怒。在伊尔贡内部，他下达了两点指示：一如既往地针对英国人展开军事行动；但绝不向哈加纳开火。

贝京是个理性的领导人，他顾全大局，将建国的共同目标置于党派利益之上。后来，他这样说："我们不是训练仇恨对手的战士，即使对手正在训练仇恨我们的士兵。单边仇恨威胁国家统一，双边仇恨引起手足之恨。"

随着"二战"结束在望，伊休夫的斗争重心发生转移。1945年6月底，哈加纳、伊尔贡和莱希联合成立由本 - 古里安领导的"希伯来抵抗运动"，协调一致针对英国托管当局。但是不到一年，伊休夫三支主要的武装力量又回到以前各自为战的状态。

在贝京的领导下，伊尔贡的行动规模和力度越来越大。1947年5月初，一支人数众多的伊尔贡部队伪装成英国士兵，闯入戒备森严的阿卡监狱，救出了数十名被关押的同志。此次行动严重损害了英国的威望并削弱了英国坚持统治巴勒斯坦的意志，标志着英国当局统治的末日即将来临。5月5日，以色列《国土报》驻伦敦记者写道："阿卡监狱的袭击是对英国威望的沉重打击……军方称此次袭击是'杰出战略思想'的产物。"

犹太复国运动走到了最后阶段，1947年11月29日，联合国大会投票通过了《181号决议案》，将耶路撒冷定为国际共管区。伊休夫领导层多数人对此欣然接受，因为这能确保在不远的将来实现建国梦。贝京认为，放弃耶路撒冷是犹太领导层犯下的严重错误，对此他不公开反对，但保留个人意见。

《181 号决议案》通过后，巴勒斯坦随即爆发了战争。在阿拉伯国家的支持下，巴勒斯坦的阿拉伯人拒绝接受联合国决议，抵制犹太国的建立。阿拉伯国家组建了主要由巴勒斯坦境外志愿者组成的"阿拉伯救世军"，渗入巴勒斯坦与当地的阿拉伯人并肩作战。

1948 年 5 月 14 日，大卫·本 - 古里安宣布以色列国建立。不到八小时，五个阿拉伯国家的军队入侵新生国，其中包括埃及、约旦、叙利亚、黎巴嫩和伊拉克（沙特阿拉伯和也门随后加入）。这些国家的领导人宣称，"把犹太人扔到大海"。次日，贝京通过伊尔贡广播电台发表讲话，呼吁犹太人团结一致，战斗直至胜利。在演讲中，他展望的以色列是一个科技强国："取之不竭的创造力，是我们最宝贵的自然财富。"

独立战争期间，贝京与本 - 古里安总理达成协议，将伊尔贡融入国家军队。伊尔贡美国成员购买了"阿尔塔莱纳号"船，将法国人捐赠的军火运往巴勒斯坦，抵达时正好赶上联合国规定的停火协议和武器禁运生效日期。本 - 古里安下令，向不肯缴械的"阿尔塔莱纳号"船开火。贝京严令伊尔贡成员不得反击，从而避免刚刚诞生五周的赢弱的以色列国亡于一场内战。

从在野党领袖到内阁部长

独立战争结束后，梅纳赫姆·贝京专注于建设右翼政治力量。

在 1949 年 1 月举行的以色列第一届议会选举中，他领导的赫鲁特党（Herut，意为"自由"）赢得了 120 个席位中的 14 个。此后的七届议会选举中，贝京屡败于左翼马培党。

贝京和本-古里安依然关系紧张、势同水火，两人经常在以色列议会内外论战。两党的宣传机构都公开地抨击对方阵营的领袖。

1965 年以色列第六届议会选举中，贝京与以色列自由党组成了中右翼的加哈尔集团（GAHAL）。1967 年，以埃及为首的阿拉伯国家发出战争威胁。新任总理列维·艾希科尔自知权威不足，决定顺应民意，建立包括加哈尔集团在内的联合政府。贝京出乎意料地提议四年前卸职的本-古里安出山，艾希科尔担任其副手，他自己担任不管部部长。虽然本-古里安没有接受，但说："如果我以前就像现在这样了解贝京，历史将会不同。"此后，两人的关系得以改善，常常会面或通信。

1967 年 6 月 1 日，联合政府成立，来自本-古里安拉菲党的前总参谋长摩西·达扬担任国防部部长，加哈尔的两位领导人梅纳赫姆·贝京和约瑟夫·萨皮尔担任不管部部长。这是梅纳赫姆·贝京首次进入内阁。

四天后，"六日战争"爆发。以色列国防军击退了三支阿拉伯军队（埃及、约旦和叙利亚），国土面积从战前的不足 2 万平方公里扩大到 9 万平方公里。贝京并非战争的运筹帷幄者，却因其参与政府的关键决策而得到广泛的认可和赞赏。

1970 年夏，贝京不满果尔达·梅厄内阁对阿拉伯人过度让步，遂和其他加哈尔成员退出联合政府。在 1973 年年末的第八届议会选举中，势力日趋强大的加哈尔改名为利库德集团（Likud，意为"联合"，由几个右派政党联盟组成），但依然败于左翼政党联盟马拉奇党（Maarach）。

总 理 任 上

在 1977 年的第九届议会选举中，利库德集团大获全胜。当晚，贝京和阿莉扎驱车前往利库德集团总部，向在场的支持者们表示感谢。面对妻子，他引用了《托拉》中神耶和华的一段话："你幼年的恩爱，婚姻的爱情，你怎样在旷野中、在未曾耕种之地跟随我，我都记得。"的确，贝京的"旷野岁月"终于在那一晚结束了。

利库德集团的胜选，很大程度上源于东方犹太人权益意识的上升。以色列的犹太移民大致分为两类：阿什肯纳兹犹太人（来自欧洲的犹太人，主要在建国前移入）和东方犹太人（来自中东和北非的犹太人，主要在建国后移入）。以色列建国后，大多数东方犹太人带来的财物很少，被安置到偏远的过渡营。本-古里安甚至提出，将东方犹太人和阿什肯纳兹犹太人的孩子分开教育。由于伊尔贡的战士中有许多来自中东和北非的犹太移民，贝京与东方犹太人有着先天的联系，在长期担任反对党领导人的岁月中又着力坚固了关系。处于社会边缘地位的东方犹太人，成为贝京的选票仓。

以色列总统伊弗雷姆·卡齐尔授权梅纳赫姆·贝京组建新政府。贝京最初组建了利库德占主导地位的内阁，数月后，他广泛地吸纳了其他党派。出人意料的是，贝京邀请工党领袖摩西·达扬出任外交部长。贝京看重达扬丰富的外交和国防经验，同时也希望他的加入可以缓和贝京内阁的"鹰派"色彩。

贝京声称，他是所有犹太人的总理。在演讲中，他经常回忆起犹太人的历史，特别是"二战"期间欧洲犹太人的种族灭绝。他的第一届内阁还吸纳了极端正统宗教党派沙斯党，赋予他们许多权利，例如宗教研究的预算拨款、推迟（实际上废除）经学院学生的兵役等。在社会经济层面，贝京政府执行了两个看似矛盾的政策：一方面，帮扶经济困难者，振兴低收入社区；另一方面，抛弃此前工党政府秉持的社会主义计划经济体系，实行放宽管制的资本主义市场经济体系。

贝京内阁的第一年，他的宿敌埃及总统安瓦尔·萨达特应邀访问耶路撒冷，并在议会发表讲话。在美国总统吉米·卡特的斡旋下，两国进行了直接的和平谈判，期间历经曲折。在领土和安全方面，贝京一向是极端民族主义者，他支持犹太人在1967年"六日战争"中征服的领土上建设定居点，对地处巴勒斯坦中心区的犹地亚和撒玛利亚寸土不让，只同意授予定居于此的巴勒斯坦人地方自治权。然而，他越来越清楚地意识到，只有以色列同意放弃"六日战争"中征服的西奈半岛，埃以两国才能实现和平。在外交部长摩西·达扬和国防部长埃泽尔·魏茨曼[1]的支持下，贝京决定妥协。

1979 年 3 月，在卡特总统的主持下，贝京和萨达特在华盛顿签署了《以埃和平条约》。这是以色列历史上的重大事件，是建国 31 年以来首次与阿拉伯国家签署和平条约，何况对方还是国力雄厚的埃及。1979 年年底，梅纳赫姆·贝京和安瓦尔·萨达特获得诺贝尔和平奖。在颁奖仪式上，贝京说："我来自巴勒斯坦、锡安和耶路撒冷之地，作为犹太民族之子、大屠杀的受害者和救赎者，我既谦卑又自豪地站在这里。古老的犹太民族赋予世界永远和平的愿景、全面解除武装的愿景、废除战争研究和实施的愿景……我们绝不能放弃人类和平的梦想，绝不能放弃对和平不可动摇的信念。"

1948 年独立战争后，伊拉克是唯一不愿与以色列签署停火协议的国家。萨达姆·侯赛因总统扬言："用血流成河淹死犹太国。"在法国的帮助下，伊拉克开始发展核武器。在评估各种选项以及后果后，贝京果断下令军事打击。1981 年 6 月 7 日，8 架以色列战机穿越敌对国上空、长途奔袭 1 200 英里，在摧毁巴格达附近的核反应堆后安全返回。"贝京学说"——即不容忍敌方发展或拥有任何大规模杀伤性武器，被以色列的政治家们沿用至今。

此时，以色列北部也不安宁。曾制造了 1972 年慕尼黑奥运

---

1 埃泽尔·魏茨曼（Ezra Weizmann），后任第七任以色列总统，是以色列首任总统哈伊姆·魏茨曼的侄子。

会袭击和 1976 年恩培德事件的巴勒斯坦激进分子，以黎巴嫩为大本营，时常发射导弹，越境袭击。在警报声中躲进防空洞，成为以色列北部居民的生活常态。

1981 年，贝京再次当选总理。次年 6 月 6 日，以色列发动"加利利和平行动"，赶走了黎巴嫩南部的巴解组织战士。但是，行动很快偏离了贝京的初衷——有限打击。阿里埃勒·沙龙带领国防军包围了贝鲁特。以色列主动发起的这场战争引起了国内外的谴责，黎巴嫩成为以色列的"越南"。

此时，妻子阿莉扎·贝京已经离世，梅纳赫姆·贝京的健康状况也不断恶化。1983 年夏，心力交瘁的贝京辞去总理职务，在余生的 9 年中一直隐居在耶路撒冷的家中。

1992 年，梅纳赫姆·贝京逝世，享年 79 岁。贝京为人谦和，朴素耐心，不追逐名利，行事果断，以犹太身份为傲，因而深受以色列人民敬爱。在作为议员和反对党领袖的许多年间，他一直住在特拉维夫的一间小公寓里。他重情重义，相对于国内外的政治家和富豪，他更愿意与当年伊尔贡的战友们交往。

按照梅纳赫姆·贝京的遗愿，他和妻子阿莉扎被下葬在橄榄山上的普通犹太人墓地，葬礼简朴，墓碑上没有悼词。他之所以没有选择安葬在耶路撒冷的国家领导人墓地，只是希望离"国家烈士"墓中埋葬着的许多伊尔贡战友近一点。

时任以色列总统哈伊姆·赫尔佐格说："梅纳赫姆·贝京最杰

出的品质是无畏。在国外的青年运动中他毫无惧怕，即使苏联时期他在监狱中度过无数个不眠之夜时仍不屈不挠。在地下组织中他毫不退缩，尽管他那时正被日夜追捕。最重要的是，在作出牵涉国家命运的艰难重大抉择之时，他毫无畏惧。贝京不害怕战争，也不屈于和平。"

摩西·达扬
Moshe Dayan

11/

摩西·达扬：
独眼将军

国父本-古里安之后，独眼将军摩西·达扬（Moshe Dayan）也许是世界上最著名的以色列人。直至今日，身处异乡的以色列人表明国籍后，可能会被对方遮住左眼，这是无声的语言：嗯，你来自摩西·达扬的国家。

摩西·达扬是典型的"仙人掌"（Sabra[1]），1915 年出生于伊休夫首个基布兹——加利利湖岸边的德加尼亚。父亲希墨尔和母亲底波拉是来自俄国的犹太移民，是第一代的基布兹建设者。

---

1 Sabra，仙人掌的希伯来名。仙人掌是以色列的常见植物，因其"外面多刺，里面甜而软"而指在以色列本土出生的犹太人。

1921 年，他们和同事们在纳哈拉尔村建立了第一个莫沙夫[1]。

纳哈拉尔村位于以色列北部的耶斯列山谷，那里人烟稀少，到处是广阔的沼泽地，携带疟疾的蚊子肆意繁殖。拓荒者们的首要任务是清除新定居点周围的沼泽积水，然后建设农场，用石头建造谷仓和鸡舍，他们自己住在木屋里。纳哈拉尔莫沙夫迅速成为伊休夫新定居点的象征，建筑呈环形排列：外圈是农民住宅，内圈是学校等机构以及教师、文员和工匠等非农业居民的住宅。

独立战争的英雄

1917 年英国政府发表《贝尔福宣言》后，巴勒斯坦局势趋于紧张。阿拉伯民族主义者试图挑起动荡和骚乱，以阻止英国政府履行《贝尔福宣言》。犹太人、阿拉伯人、英国托管当局，三方之间的冲突不断加剧。为了控制伊休夫的规模，英国托管当局限制犹太人移民巴勒斯坦以及建立新的定居点。十四五岁时，摩西·达扬加入了哈加纳，参与军事训练。

露丝·施瓦兹来自耶路撒冷，在纳哈拉尔的农业学校学习期间与达扬相遇。1935 年 7 月，20 岁的摩西和 18 岁的露丝结婚。

---

1 莫沙夫（Moshav）是与基布兹不同的一种新型工人合作社。它容许私人生活，每个家庭都有各自的私人农地，孩子们跟着父母住在自己家（而不是儿童集体宿舍）。但是，家庭及农场所需物资的采购、农产品的销售，均由集体完成。

婚后两人一起到英格兰留学，但一年后被哈加纳召回国。由于担心不断涌入的犹太移民淹没巴勒斯坦，阿拉伯人于1936年爆发了大起义，袭击伊休夫的犹太人和英国托管当局。

1936年9月，英国军情五处的情报官员奥德·温盖特上尉来到巴勒斯坦。他说服英军总司令同意从哈加纳中招募优秀士兵，成立英军-哈加纳联合作战单位"夜间特别巡逻队"。达扬加入了夜间特别巡逻队，参与打击阿拉伯人、保护石油管道的任务。次年，他参加了哈加纳的军官培训，此后担任军事教官，他编写的军事教材深受参训官兵的好评。

1939年年初，达扬夫妇有了大女儿耶尔，耶尔后来成为著名作家和以色列议会议员。数月后，达扬在为哈加纳军官授课时与全体学员被英国当局逮捕，罪名是"非法持有武器"。在阿卡监狱，达扬经常带着民兵囚犯们对抗监狱当局。1941年年初，达扬和战友们获释，他回到纳哈拉尔的家中。

两个月后，哈加纳成立了两个连的帕尔马赫精锐部队，达扬担任其中一个连的连长。1940年法国沦陷后，维希法国及其海外殖民地（包括叙利亚和黎巴嫩）加入轴心国。英国托管当局支持哈加纳成立帕尔马赫，寄望联手打击这两国的反英势力，以防巴勒斯坦沦陷。在1941年6月进攻叙利亚和黎巴嫩之前，英军招募了熟悉巴勒斯坦北部边境地形的犹太志愿者（其中包括摩西·达扬和未来的以色列总理伊扎克·拉宾），前往这两国边境进行侦察。侦察队圆满完成了任务，但在黎巴嫩边境的一场战斗中，达扬失去了左眼。当时他正用双筒望远镜观察战场，不料维希法国的狙击手射中了望远镜，碎片飞进他的左眼。他被转移到海法的一所医院，但医生们无能为力。

摩西·达扬左眼戴着黑色眼罩出院后，回到了纳哈拉尔农场，仍不时地参与哈加纳的活动。这个阶段，他又添了两个孩子：埃胡德和阿萨夫，小儿子阿萨夫后来成为以色列的著名演员和导演。

1948 年 5 月 14 日以色列建国，独立战争随即爆发。一支叙利亚军队势如破竹，攻取了三个基布兹，迫近加利利湖以南的约旦河谷。河谷重镇德加尼亚基布兹岌岌可危，周边的犹太居民乱作一团，纷纷扶老携幼出逃。作为犹太人的第一个基布兹，德加尼亚无疑具有象征意义，一旦失陷将会对全国士气形成打击。首任总理兼国防部长大卫·本 - 古里安心急如焚，急派独眼骁将摩西·达扬驰援救急。

达扬带着仓促组建的第 89 突袭营，奔向出生地德加尼亚基布兹。他身先士卒，击退了叙利亚军队的攻击。经此一战，本 - 古里安对这位战功显赫的少壮军官更为赏识。数周后，达扬被任命为耶路撒冷的以色列国防军指挥官。军人达扬显示出了外交才能，他与耶路撒冷的约旦军队指挥官谈判成功，耶路撒冷由两国分治。他的丰富经历和在纳哈拉尔学到的娴熟的阿拉伯语，此时都派上了用场。

独立战争后，摩西·达扬不断得到擢升。1949 年，他被授予少将军衔，此后在南部军区和北部军区任司令。1952 年年末，他就任总参谋部作战部长，成为仅次于总参谋长的二号人物；1953年12月，他登上了以色列国防军的顶峰——就任总参谋长。从少校晋升中将[1]，摩西·达扬仅用了5年半时间。

锐意改革的总参谋长

摩西·达扬一贯以桀骜不驯和特立独行而闻名。上任总参谋长时，一位内阁高官提醒他注意自己的"党派性格"，达扬回答："你错了。需要改变的不是我，而是总参谋长的形象。"这句话成了达扬的名言。

1953年年底至1958年年初，以色列国防军拥有了一位与众不同的总参谋长，一位锐意改革、智勇双全的军事家。摩西·达扬对以色列政治的影响也远超此前任何一位总参谋长，他和大卫·本-古里安的亲密关系是其中一个重要原因。

1958年1月底，当他把军队移交给第五任总参谋长哈伊姆·拉斯科夫时，以色列国防军已经脱胎换骨。当时的一位政府部长精准定义了达扬进行的变革："他减掉军队的脂肪，使其变成肌肉。"

在回忆录中，达扬谈到了他当初的军队改革思路："我希望在形式和内容两个层面上带来改变。缩短总参谋长和士兵之间的距

1　中将是以色列国防军的最高军衔。

离（扁平化），尽量减少仪式上的工作和开支，让高层的复杂工作流程变得更简单，更换一些高级军官，提拔独立战争期间作战经验丰富的年轻军官。"

在达扬的特别关注下，伞兵部队后来成为以色列国防军的精锐部队。他要求其他部队都遵照伞兵部队的标准训练，要求高级军官参加伞兵训练，通过伞兵训练科目的士兵可以得到更好的晋升机会。

那些年，来自埃及加沙地带和约旦河西岸的突袭困扰着以色列，埃及专门培训了一支潜入以色列执行暗杀任务的敢死队。摩西·达扬领导以色列国防军在埃及和约旦的领土上发动了报复性袭击。伞兵部队执行了大部分袭击，其他军种随后逐渐加入其中。

1956 年，以色列南部和东部边界的军事局势日趋紧张。除了派遣敢死队袭击外，埃及军方又封锁了埃拉特湾。由于此前埃及已封锁了苏伊士运河，因此埃拉特湾是以色列通往远东和中国的唯一贸易渠道。埃及宣布苏伊士运河归为国有后，由于英法公司持有运河的主要股份，因此英国（英国在以色列独立战争期间支持埃及）和法国也有意打击埃及，三国出于各自目的结合在一起。这就是"西奈战争"的由来。

以色列国防军仅用了一周就征服西奈半岛，取得了对埃及的全面胜利。相比之下，英法军队却在北苏伊士运河的行动中陷入了困境。作为这次战争的最高指挥者，摩西·达扬被国际媒体称为"独眼英雄"。

在苏联和美国的干涉下，以色列后来退出所占领的西奈半岛。尽管如此，以色列获得了埃拉特湾自由航运的国际保证，在联合国的代管下以埃边界获得了十年的安宁，埃及敢死队的袭击也宣告终结。达扬认为他已经完成了总参谋长的使命，脱下戎装进入大学学习。在此后的两年中，他专攻东方研究和政治学。

涉 足 政 坛

1959 年，摩西·达扬涉足政坛，当选以色列议会议员。大卫·本 - 古里安适时任命他为农业部长。在五年任期中，他在农业领域大刀阔斧地推行改革，促进了以色列农业的快速发展。20 世纪 60 年代中期，他似乎已经度过了人生的巅峰期，周游世界、授课并学习他国的军事经验。1966 年，他在越南待了一周，观察了几场战役后所作的简单笔记发表在世界前沿的军事刊物上。

1967 年，埃及总统贾迈勒·阿比德·纳赛尔驱逐驻扎在西奈半岛上的联合国维和部队，并重新封锁以色列在埃拉特湾的航运。总理兼国防部长列维·艾希科尔面临巨大压力。1967 年 6 月 1 日，众望所归的摩西·达扬出任国防部长。

4 天后，战争爆发，中东地区的版图也由此变化。在 6 天内，以色列国防军迅速击败三支阿拉伯（埃及、约旦和叙利亚）军队，将以色列国土面积从 2 万平方公里增加到 9 万平方公里。以色列国防军占领戈兰高地，控制了苏伊士运河和整个西奈半岛，此外还征服了耶路撒冷的犹太区（1948年落入约旦军方之手）。最神圣的犹太遗址西墙得以回归，这让以色列举国上下以及世界各地的犹太人欣喜若狂。

"六日战争"的胜利，离不开列维·艾希科尔和总参谋长伊扎克·拉宾在战前的运筹帷幄，但摩西·达扬得到了最多的赞誉。以色列国防军的战斗力震惊世界，达扬在"六日战争"中的功绩甚至被认为超越了1956年的西奈战争。

在摩西·达扬此后的6年国防部长任上，巴勒斯坦恐怖分子活动频繁。例如，1992年的慕尼黑奥运会上，11名以色列运动员惨遭杀害；以色列航空公司和往来以色列的其他国际航空公司多次遭受袭击。达扬一方面严厉打击巴勒斯坦恐怖分子，一方面宽容对待生活在占领区的阿拉伯人，允许他们跨越约旦河上的桥梁自由往返。

1973年10月，赎罪日战争爆发。虽然这场战争最终以获胜告终，但是战后以色列爆发了全国性的抗议。参战将士和民众普遍认为，达扬掉以轻心、疏于防范，对战争初期的溃败负有重大责任。果尔达·梅厄内阁集体辞职，伊扎克·拉宾组建了新政府。下野后，摩西·达扬成了代表工党的一名普通议员。他开始写作回忆录，并继续在国外巡回授课。

在1977年的第九届议会选举中，右翼利库德集团获得大胜，结束了建国后工党的长期执政。梅纳赫姆·贝京出人意料地邀请摩西·达扬在联合政府中出任外交部长。贝京寄希望于达扬发挥丰富的外交和国防经验，同时希望冲淡内阁的"鹰派"色彩。1979年3月，在卡特总统的主持下，贝京和萨达特在华盛顿签署了《以埃和平条约》。这是以色列建国31年以来首次与阿拉伯国家签署和平条约，作为和谈的幕后人物，达扬功不可没。

摩西·达扬在赎罪日战争中失去的民众敬意，如今有所挽回。然而，他很快病倒了，于1981年10月16日逝世，享年66岁。

摩西·达扬还是个文物收藏家。他家位于特拉维夫市北部的一个街区，院子看起来就像一个博物馆。他不在乎是否得到许可，从以色列遍地的古代小丘中挖掘出了数千件物品：陶器缸、古铭文、棺材、骨灰瓮等。在回忆录中，他写道："考古挖掘，为我娓娓道来一个古代的以色列。一个拥有3 000年历史却又崭新的地下世界呈现在我面前，这是一幅隐埋在道路、房屋、农田和荆棘丛之下的宏伟画卷。"

达扬会花上几个小时，甚至一整天，研究发掘来的文物，将碎片粘连，尽可能复原到几千年前的原状。这些工作，让他回想起务农的那些日子："那时，我用自己的双手播种、种植，还帮助谷仓里的奶牛接生。"

伊扎克·沙米尔
Yitzhak Shamir

12/

伊扎克·沙米尔：
心如磐石的实用主义者

很难想象，一个其貌不扬、魅力平平、我行我素的人担任了四届以色列总理；很难想象，一个坚定的民族主义者、冷酷无情的战士，能在遭受伊拉克导弹袭击时保持克制。

伊扎克·沙米尔（Yitzhak Shamir）就是这样一个性格复杂的人物。他沉默寡言、多疑，一双灰色的眼睛透着冷酷，但内心激情涌动。他的意志像岩石般坚硬，不管处于人生的哪个阶段，都忠诚于自己的信仰。无论对以色列人还是对手，他一贯直抒胸臆。他既慷慨又残忍，对自己尤为苛刻。他功绩卓著，但保持谦卑，从不炫耀。

1915 年，伊扎克·雅泽尼茨基出生于波兰东部的鲁耶瑙小镇，父亲什洛莫和母亲佩妮娜都是传统的犹太复国主义者。童年时期，他接受希伯来式教育。14 岁时，他加入了波兰的贝塔尔运动，三年后进入华沙大学学习法律专业。

莱希与摩萨德时期

1935 年，20 岁的伊扎克移民巴勒斯坦，就读于耶路撒冷希伯来大学，未曾想从此和家人永别。得知留在波兰的父母、姐姐等家族成员在大屠杀中丧生后，伊扎克说："每个波兰人都从母亲的乳汁中吸食过反犹主义。"从此，他改名伊扎克·沙米尔[1]。

1937 年，沙米尔加入了伊尔贡，策划并执行了许多针对阿拉伯人和英国托管当局的报复行动。1940 年 7 月，沙米尔追随亚伯拉罕·斯特恩脱离伊尔贡，成为莱希组织的核心骨干之一。斯特恩认为，相比阿拉伯人，英国托管当局是伊休夫更大的敌人，因此带领莱希组织对英方发动了激烈的游击战。1942 年 2 月，在英军的一场大规模搜捕行动中，斯特恩被害于特拉维夫的一处民宅，莱希组织遭受重创。

1941 年，沙米尔被英国托管当局拘捕。1942 年 9 月，他逃离英国米兹拉希拘留营。作为莱希中央委员会的三人领导小组成员，他担起了重建莱西的重任，具体负责作战部门。他联络分散在各地的战友，招募包括新移民在内的新成员，在埃及建立了一

1　沙米尔（Shamir），意为"保护者"。

个负责运送武器弹药的小组；他加强了保密措施，广泛动员支持者提供藏身之处和资金；他对成员进行意识教育和军事训练……通过中央委员会的一连串举措，莱希组织逐渐恢复了战斗力，继续在巴勒斯坦全境甚至境外发动袭击。

1946 年 8 月，身穿黑色衣服、留着胡子、化名"多夫·沙米尔拉比"的沙米尔再次被英国托管当局逮捕，随后被流放到非洲厄立特里亚监狱。次年，他再次逃脱，前往邻近的法国殖民地吉布提，后来在法国获得政治庇护。在 1948 年以色列建国后的第六天，他经由巴黎回国，重掌莱希。

1948 年 5 月以色列国防军成立后，莱希组织被解散，部分成员加入国防军。此后，沙米尔开始经商，开了一家工程承包公司，承担的项目包括铺设通往死海的公路。他还经营多家电影院，管理位于卡法萨巴的橡胶工厂。

自 1951 年创立以来，摩萨德[1]局长伊瑟尔·哈雷尔一直劝说总理大卫·本 - 古里安让伊休夫时期的民兵伙伴兼对手（特别是莱希成员）加入摩萨德。哈雷尔认为：没有人比前莱希成员更爱国，他们愿意为保护国家牺牲一切；另外，纳入国家体制可以避免他们重操反政府的地下活动。因此，沙米尔离开了让他获益颇丰的生意场，于 1955 年加入摩萨德，在欧洲活动了 10 年。

---

1 以色列情报机构摩萨德（Mossad），与美国中情局、苏联克格勃和英国军情六处并称为"世界四大情报机构"。

从政：议员、议长、外交部长与总理

1970 年，55 岁的伊扎克·沙米尔加入梅纳赫姆·贝京领导的赫鲁特党（Herut movement），开启政治生涯。1973 年，他被利库德集团任命为组织部门的负责人，为利库德积极吸纳来自阿拉伯国家的犹太人以及处在以色列边缘地区的居民。同年，他当选为以色列议会议员。

1977 年 5 月，利库德集团首次赢得大选，打破了工党执政29 年的局面。在这场震惊全国的政治逆转中，人数众多的"二等"以色列公民扮演了关键角色，沙米尔无疑在其中发挥了　　　的作用。此后，沙米尔担任以色列议会议长，在 1980 年成为政府外交部长后卸任议长。

作为外交部长，沙米尔为巩固和拓展以色列的外交关系做了大量工作。他与埃及进行和平条约的磋商，发起与阿拉伯国家"以和平换和平"形式的直接谈判，还为以色列建立了与包括中国和印度在内的 30 个国家的外交关系。

1983 年年末，贝京辞去政府总理和利库德集团领袖职位。经过投票，沙米尔成为继任者，登上了以色列政治金字塔的顶端。自 1983 年至 1992 年 6 月，沙米尔领导了四届政府。其中两届是联合政府，由两大集团的领导人轮流担任总理。

在总理任上，伊扎克·沙米尔成就卓著，其中意义最深远的是大量接纳来自苏联和埃塞俄比亚的犹太移民。到 2000 年，以色列约有 50 万名埃塞俄比亚移民，这要归功于他先后发起的"摩西行动"（1984 年）和"所罗门行动"（1991 年）。此前，苏联犹太人的主要移民目的地是美国。在沙米尔的施压之下，乔治·沃克·布什总统对移民美国的苏联犹太人设置了限额。1990 年起，约百万犹太人从苏联移居以色列，俄国犹太人成为以色列最大的一个族群。让流散的犹太人回归故土，这是沙米尔毕生的追求。甚至到了晚年，他还在梦想着吸纳大批美国犹太人回归以色列。

沙米尔执政期间，与两任美国总统罗纳德·里根和布什交往频繁。沙米尔非常重视以色列与美国之间的关系，但在影响国家利益时，他会毫不犹疑地对美国说"不"。

在领土问题上，沙米尔一贯态度强硬。他顶住美国的施压，坚持犹太人有权居住在故土的任何地方。在他的任期内，以色列新建了数十个定居点，包括在绿线两侧建设的山顶前哨点。如梅纳赫姆·贝京一样，沙米尔对以色列土地上的阿拉伯人采取怀柔政策，赋予犹地亚和撒玛利亚的巴勒斯坦人自治权。这种软硬兼施的策略，是他们两人师从导师泽维·贾博廷斯基所学。沙米尔非常了解阿拉伯人的心态以及行为方式，从而能灵活处理具体问题。

1987 年年底，巴勒斯坦阿拉伯人爆发了第一次"因提法达"起义。沙米尔坚持两条原则：不与亚西尔·阿拉法特领导的巴勒斯坦解放组织进行任何政治谈判，不在有关中东问题的国际会议上达成任何协定。

强硬的沙米尔并非一介武夫，他置国家、民族和人民利益于一切之上，因而在重大问题上头脑冷静、思路清晰。1990年第一次海湾战争期间，伊拉克向以色列发射了约40枚飞毛腿导弹。萨达姆清楚以色列一贯有仇必报，希望借此激怒以色列还击，从而分化阿拉伯阵营，使伊拉克免遭来自阿拉伯国家的打击。沙米尔一边顶住国内外压力，对伊拉克的挑衅保持克制，一边敦促布什总统迅速终结伊拉克的侵略行动。

伊扎克·沙米尔加强了以色列的安全和经济，并提升了以色列的国际地位。

信仰坚定、我行我素、朴实无华

伊扎克·沙米尔和梅纳赫姆·贝京有着许多共同之处：都出生于波兰，年龄相仿，都是泽维·贾博廷斯基的门徒，家人都在纳粹的大屠杀中丧生。但是，两人在形象、个性与风格上泾渭分明。贝京举止优雅，擅长鼓动式的演讲；而沙米尔个子矮小，身材粗壮，语言简单平实。为什么魅力平平的伊扎克·沙米尔，却能赢得人民的爱戴，担任四届总理呢？

在所有以色列总理中，沙米尔可能是意识形态最强烈的一位。自从成为泽维·贾博廷斯基的坚定信徒、加入贝塔尔以来，他从未改变。

在一次演讲中，沙米尔谈到了地下活动期间的战友耶霍舒亚·科恩："第一次逃离监狱后，我认识了耶霍舒亚……在我面前，我看到了一个第二神殿的狂热者形象……他的武器与身体融合。他像一座灯塔，散发着十足的信心、充分的准备且无穷无尽、毫不犹豫的奉献精神……他是一个彻彻底底的犹太人、希伯来人和以色列人。他不仅热切地坚守犹太复国主义的价值观，还表现出战斗的勇气和坚持不懈的精神。他不大喊大叫，而是语气温和，狂热从内部燃烧。他严于律己，起表率作用……他随时谈及和记录对生活的感悟。如果他有一个基本的觉悟，那么这种觉悟必定无情且毫不妥协地支配思想以及行为。他不让自己妥协，不让道德妥协，不让良心妥协……如果渴望是诚实的，他会全力以赴，他将永远不会被击败……他领导着一群乐于踏上最冒险挑战之路的人们，这些人即便遇到最艰难的障碍也不会被吓倒，他们甚至没有意识到自己正在进行英雄行动……"

这段对科恩的描述，完全适用于伊扎克·沙米尔本人。

继承贝京的衣钵并非易事，然而沙米尔相信无招胜有招。他平平淡淡、自然而然，做事的唯一标准就是忠于信仰，为以色列国家和人民谋利。他无视民意调查和媒体对他的大肆攻击，几乎不用公关团队。他从未觉得有必要一大早急着打开报纸，看看别人对他的评论，然后跟着媒体和评论家的节奏亦步亦趋。无论在莱希、摩萨德，还是在政治家生涯中，他是个最谦卑的领导者，从不自负。

伊扎克·沙米尔是另一种形式的优秀公众演说家，他讲一口流利的希伯来语。他的演讲风格类似泽维·贾博廷斯基：传统、保守，摒弃华丽辞藻和溢美之词，富有深度和逻辑性。他的著作也是这样的风格。

他这样评价梅纳赫姆·贝京："犹太人民无法承受丢掉所有价值观、原则和职责的奢侈行为。因此，必须让犹太人对以色列土地的忠诚深深扎根。没有毅力，我们将无法实现目标，这一思想认识必须教给每一位犹太人。建立一个所有公民都是国王的公正社会，这一愿望必须得到满足。健全治理和法治的至高无上有必要成为一种生活方式。所有这些都是我们从梅纳赫姆·贝京那里学到的原则，贝京也是从泽维·贾博廷斯基学到的这一切。这一切，都是卓有成效的真理。"

1988年，伊扎克·沙米尔总理在国家安全学院（National Security College）的一次演讲中谈到以色列国："我们生活在一个资源短缺的小国，但如果人民有信心并且团结一致，建立国家历史和现实意识形态，祖国一定能站起来并变得强大，就像一块岩石一样坚不可摧。"

1992年败选后，伊扎克·沙米尔离开党的领导层，1996年又从议会退休。2004年，在阿尔茨海默症的摧残下，他的健康每况愈下。此后他住到特拉维夫的一家私人疗养院，直到2012年6月30日去世。

约西·哈雷尔

Yossi Harel

13/

约西·哈雷尔：
"非法"移民船的头领

相对于本书中绝大多数声名赫赫的大人物，约西·哈雷尔（Yossi Harel）籍籍无名。以色列建国前的"非法"移民历史，逐渐被人们淡忘。1934 年至 1948 年的 14 年中，超过 12 万犹太移民回归英国政府托管下的故土。在幕后英雄的名单上，可以列出长长的一串，伊休夫的领袖和战士们、世界各地的犹太志愿者们……哈雷尔或许是其中的最杰出者。

约西·哈雷尔原名约西·汉堡（Yossi Hamburger），1918 年出生于耶路撒冷。19 世纪初奥斯曼土耳其帝国统治时期，他的家族从德国汉堡迁居耶路撒冷。约西出生时正值第一次世界大战，耶路撒冷饱受战乱。约西很小就在采石场务工，有时协助大人铺设电话线。

哈加纳时期

14 岁时，约西·哈雷尔加入了伊休夫的地下民兵组织哈加纳。
18 岁时，他被选入哈加纳的野战部队"哈诺德特"（Ha-Nodedet，
意为"游牧"）。哈诺德特的成立标志着哈加纳作战原则的转变，
他们不再等着阿拉伯人袭击犹太人定居点，而是开始深入敌后、
主动出击。起初，哈诺德特只在耶路撒冷周边的山区活动，几个
月后他们的活动范围遍及巴勒斯坦全境。

1936 年，哈雷尔加入了伊休夫的"夜间特别巡逻队"，参与
打击阿拉伯大起义。这支准警察队伍虽然由英国托管当局成立，
但事实上几乎所有成员都是哈加纳成员，听命于哈加纳领导层。
指挥官英军上尉奥德·温盖特支持犹太复国主义事业，在伊休夫
中赢得了"哥们"的昵称，作战勇敢的哈雷尔被温盖特称为"轰
炸机"。

1938 年 3 月，临近黎巴嫩边境的西加利利成立了哈尼塔基布
兹。成立当晚，这个偏远犹太定居点就遭到了阿拉伯人的围攻。
哈雷尔和战友们英勇奋战，击退了阿拉伯袭击者。

1939 年 9 月，第二次世界大战爆发。面对共同的敌人纳粹德
国和法西斯意大利，英国托管当局与哈加纳全面合作。哈雷尔正
式加入英军，前往北非作战。当时，意军在德军的帮助下从利比

亚殖民地入侵埃及，对巴勒斯坦造成威胁。击退意军后，哈雷尔和战友们转战希腊，迎击德军的进攻。英军在希腊战败，成千上万的英军士兵和来自巴勒斯坦的 1 400 多名犹太志愿者被德军俘虏。哈雷尔侥幸逃过一劫，经埃及返回巴勒斯坦。

因耳部旧伤离开英军后，哈雷尔立即回到哈加纳。"二战"结束后，犹太人希望英国托管当局能够履行在《贝尔福宣言》中所作的承诺，支持犹太人在巴勒斯坦建立"民族家园"。然而，英国转而支持阿拉伯方，限制犹太人移民巴勒斯坦，并反对犹太人在巴勒斯坦建国。这激起了犹太人民（特别是那些在欧洲灭犹大屠杀中饱受蹂躏的幸存者们）的强烈愤怒，伊休夫与英国托管当局的对抗迅速升级。哈雷尔投身于与英军的游击战中，而对手正是他不久前服役过的部队。

哈雷尔的另一职责是担任世界犹太复国主义者联盟主席哈伊姆·魏茨曼博士的保镖。尽管魏茨曼是亲英的温和派，而哈雷尔是对英军作战的激进分子，但两人关系亲密。

目睹成千上万的大屠杀幸存者希望回归故土而不被允许，伊休夫决定采取行动。哈加纳专门成立了一支特种海军陆战队——海军连（PLIM）。摩萨德、帕尔马赫和海军连不顾英国托管当局的禁令，开始向巴勒斯坦运送"非法"（从英国的角度看是非法）移民。1946 年至 1947 年的两年间，至少有 46 艘装载移民的船驶向巴勒斯坦海岸，共带回 63 000 人（当时巴勒斯坦的犹太人口不到 60 万），其中多数是妇女和儿童。哈雷尔指挥了其中最大的四艘船，运送了 23 600 名移民，占总数的 37%。

"以色列议会号"

"以色列议会号"是约西指挥的第一艘移民船，从希腊出发。船上载有 3 845 人，其中绝大多数是大屠杀的幸存者。面对这样大规模的行动，哈雷尔需要通盘考虑：如何把这么多人安置在狭小的船舱；如何分配食物和水以保证整个行程够用；如何安排乘客们上到甲板呼吸新鲜空气……当然，最重要的是如何避开英国托管当局、安全抵达巴勒斯坦海岸。在航行途中，9 名新生儿诞生，哈雷尔从乘客中招募了医生和护士来照顾母婴们。

英国军舰封锁了海岸，巡逻机和海军雷达站分别从空中和地面搜索可疑船只。哈雷尔事先决定，如果英国军舰拦截，他们将抵制任何逮捕行动，并用无线电通知伊休夫前来营救。他将 750 名青壮移民编队，其中大多数是前游击成员和"二战"后退役的苏联红军。他计划在巴勒斯坦北部纳哈里亚定居点附近靠岸，按约定哈加纳的队伍在岸边等着他们。

然而，这一计划被英国人打乱了。"以色列议会号"往南驶到黎巴嫩海岸时，两艘英国驱逐舰挡住了去路。约西决定改道驶向海法港口，希望得到海法周边犹太人的接应。

遗憾的是，海法的援军并没有出现，"以色列议会号"只能孤军奋战。他们竭尽全力靠岸，但遭到英国驱逐舰的阻止。这是一场不对等的战斗：一边是手持武器的英军士兵，另一边是手无寸铁的平民。英军施放了大量的催泪瓦斯，瓦斯穿透下层甲板，威胁着狭窄船舱里数千名妇女和儿童的生命。青壮年们把能找到的每一件物品都扔向英国士兵：罐头、木板、螺丝，甚至土豆。随后，英国人开火射击，导致一人死亡、40多人受伤，甲板上满是鲜血。

几个小时后，移民们停止了抵抗，被驱逐到塞浦路斯岛拘留营。哈雷尔解开绳索，设法逃离塞浦路斯，回到了特拉维夫。

"出埃及1947号"

约西·哈雷尔很快就接到了新任务：指挥"出埃及1947号"。这将是他在以色列"非法"移民史上最伟大、最英勇的成就。

"出埃及1947号"原名"沃菲尔德总统号"，前身是美国东海岸的一艘游轮。"沃菲尔德总统号"在"二战"期间被美国政府征用，运送美军参加诺曼底登陆。1947年年初，这艘船被摩萨德在拍卖中购得，经过翻修后驶往欧洲，船员大多是美国犹太人。哈雷尔带着船长伊萨克·阿哈罗诺维茨和船员们，等候在法国。

《托拉》之《出埃及记》卷中，摩西带着受奴役的犹太人逃离埃及，到达应许之地。"二战"后的欧洲，犹太人再现"出埃及记"这个古老故事。坐着颠簸的船只涌向巴勒斯坦海岸的犹太人，除了有着神会创造奇迹的信仰之外一无所有。

船上有 4 500 多名乘客，原计划在一两周之内登陆巴勒斯坦。在大批移民离开法国南部的赛特港时，英国军舰也在等着他们。到达巴勒斯坦海域时，英国军舰包围上来，命令他们改道前往海法。

一场血腥的战斗爆发了。英国驱逐舰从四面八方攻击，并试图登上甲板。移民们用木头、金属零件、家具、螺丝和土豆等回击。甲板成了战场，英国人开枪射击，施放催泪弹。两名移民和一名犹太裔美国船员遇难，200 多名移民受伤。英军登船并控制了主指挥系统。但哈雷尔早有准备，他关闭了主指挥系统，启动船尾的备用指挥系统，随后将登舰的英军士兵俘获。

在约西·哈雷尔的传记《出埃及：国王的奥德赛》中，作者约拉姆·卡纽克写道："战斗持续了三个小时。船像喝醉的水手一样摇晃，士兵们在呕吐，海水开始涌入撞坏的船体。哈雷尔接到报告，一些人可能来不及爬到上层甲板就会被淹死。"

阿哈罗诺维茨船长等人认为，如果再坚守一段时间，他们很可能逃脱并到达特拉维夫海岸。在权衡再三后，哈雷尔决定结束战斗。他后来说："我的使命是把活着的犹太人带到巴勒斯坦。"

"出埃及 1947 号"在海法靠岸后，英军强行将移民们赶上驱逐舰，而移民们奋力抗争。在一张老照片中，一名年轻的母亲用婴儿车猛击一名英军士兵；另一张照片中，一名头部受伤的男子被两名英军士兵拖走。为了达到警告和震慑的目的，英国决定用最残忍的方式惩罚"出埃及 1947 号"的移民们：将他们遣送到德国的原难民营，而不是离应许之地不远的塞浦路斯拘留营。

联合国巴勒斯坦特别委员会的成员们赶到现场，目睹了英军士兵用枪托、高压水枪和催泪瓦斯驱赶这些大屠杀的幸存者。

哈雷尔和几名战友躲在船上一个事先预备好的藏身之处。次日，他们换上码头工人的制服，用假身份证件乘车前往特拉维夫。

英方计划将"出埃及1947号"驱逐到法国，然后遣散移民。但是，移民们拒绝服从，并在全世界的注目下与英方对峙了数周。英方暴行被媒体揭露后，在世界各地的政府和民间引起了强烈反响，"出埃及1947号"获准驶向英国管辖下的德国港口汉堡。"胜利号""被非法移民击败的帝国"这样的字眼流传多年，以此纪念"出埃及1947号"犹太移民与强大的大英帝国的斗争。

1947年11月，联合国大会投票通过《181号决议案》，将巴勒斯坦分割为犹太国和阿拉伯国。联合国此时通过这项决议，无疑受到这场斗争的影响。

美国犹太裔作家利昂·乌里斯和美国犹太裔导演奥托·路德维希·普雷明格，让这场由约西·哈雷尔导演的"出埃及记"成了文学和电影史上的不朽篇章。在小说《出埃及》中，哈雷尔是乌里斯笔下阿里·本·迦南角色的原型。普雷明格执导的同名电影中，阿里·本·迦南由犹太裔美国影星保罗·纽曼饰演，在上映之处无不轰动一时。

"泛约克号"和"泛新月号"

很快，约西·哈雷尔接到了比"出埃及记"规模更大的新任务：将两艘大型移民船带到巴勒斯坦。"泛约克号"和"泛新月号"，是"非法"移民史上最大的两艘船，各计划将 7 500 多名"非法"移民带到巴勒斯坦。移民们将在罗马尼亚港口登陆，这个国家已经在"老大哥"约瑟夫·斯大林的掌控之中，这反而给摩萨德带来了行动便利。英国一直是俄罗斯的宿敌，无论沙皇还是斯大林都乐见英国出丑。

这是巴勒斯坦"非法"移民史上前所未有的大规模行动：12辆专列载着来自罗马尼亚各处的犹太移民，去往东南部的康斯坦塔港登船。但在最后一刻，罗马尼亚人变卦了，火车转向保加利亚。两艘船转向黑海上的布尔加斯港，登船持续了整整两天，直到每艘船上的几千名乘客都在狭窄的多层铺位上安顿好。

"泛约克号"和"泛新月号"扬帆起航。哈雷尔再次担任指挥官，伊萨克·阿哈罗诺维茨和另一位"非法"移民的老手加德·希列夫担任船长。

考虑到船上有许多孩子，摩萨德的首领在航程开始时已经决定不在巴勒斯坦靠岸，不与英军直接对抗。哈雷尔对此并不知情，面对严阵以待的十多艘英军驱逐舰，他选择忍辱负重，并说服了试图反抗的阿哈罗诺维茨船长。

哈雷尔通过无线电与指挥舰队的英国海军上将谈判。他提出了条件：英国不得逮捕任何人，包括外国船员；不得搜查船只；登船的英国士兵不得携带武器；即使英国人登上并控制这两艘船前往塞浦路斯拘留营，无线电必须留在船上。

在英方接受所有条件后，这两艘船驶向塞浦路斯。下船后，移民被转移到拘留营待了两天。哈雷尔通过一条秘密通道逃离了拘留营，在塞浦路斯海岸登上一艘小船，平安回到了巴勒斯坦。

此后，约西·哈雷尔参加了以色列独立战争。战争结束后，他一直从事秘密工作，在以色列国内外完成了一系列任务。

1945 年年底，小型"非法"移民船"汉娜·塞内什号"在巴勒斯坦海岸登陆。这艘船是以一位以色列伞兵的名字命名的。她被空降到纳粹占领的欧洲，帮助处在法西斯匈牙利的同胞逃脱了纳粹虎口。为了纪念汉娜·塞内什，诗人纳坦·奥特曼创作了这首诗：

他们的辛劳隐藏于黑夜

尽管如此，我们仍为之祈祷

你未曾看见他们是如何出船上岸

他们肩负着万千子民

约西·哈雷尔是极少数有幸"肩负着万千子民"的人之一，因其拯救"非法"移民的杰出功绩永载犹太民族解放运动的史册。

奥瓦迪亚·约瑟夫

Haim Ovadia Yosef

14 /

奥瓦迪亚·约瑟夫：
古老荣耀的重现者

奥瓦迪亚·约瑟夫（Haim Ovadia Yosef）拉比，曾是整个塞法迪[1]犹太人的首席拉比，是他所处时代的《塔木德》最高权威之一，是20世纪最重要的犹太哈拉卡宗教法作者。他重现了塞法迪哈拉卡的世界，他所创立的沙斯党至今在以色列政坛上发挥着重要作用。

---

1 塞法迪（Sephardi）和阿什肯纳兹（Ashkenazi）是犹太人的两大分支。塞法迪犹太人，指居住在伊比利亚半岛、遵守西班牙裔犹太人习俗的一支，属犹太教正统派，普遍使用拉迪诺语，在15世纪被逐出西班牙；阿什肯纳兹犹太人是中世纪德国莱茵兰一带犹太人的后裔，普遍使用意第绪语或者斯拉夫语言，10世纪至19世纪期间被逐出，向东欧迁移。大多数犹太人都遵循塞法迪或阿什肯纳兹的教义律法。

1920 年 9 月 23 日，奥瓦迪亚·约瑟夫出生于伊拉克首都巴格达。在他 4 岁时，全家移居耶路撒冷，依靠父亲经营杂货店为生。12 岁时，奥瓦迪亚进入波拉特约瑟夫经学院，这是当时耶路撒冷最著名的三所犹太教研究机构之一。他痴迷于学习《托拉》，有时甚至每天学习 20 个小时。他博闻强记，很快就在同学中脱颖而出。

奥瓦迪亚 15 岁时，父亲对他的才华并不知情，他希望儿子退学，到杂货店帮工。校长对他说："我可以去杂货店给你帮忙，但你儿子必须继续学业！像他这样的优秀学生辍学是不被接受的。哪怕是让我放弃学习《托拉》，也绝不能让他这么做。"

法官与拉比生涯

从经学院毕业后，奥瓦迪亚·约瑟夫很快引起了高层拉比们的关注，被视为《托拉》（特别是哈拉卡）天才。20 岁时，他被任命为犹太教士，获得哈拉卡问题的裁决资格。25 岁时，他被任命为耶路撒冷犹太宗教法庭的法官。

1947 年，约瑟夫成为当时最年轻的拉比。受巴勒斯坦首席拉比的委派，约瑟夫赴任埃及犹太社区的副首席拉比兼犹太法庭的首席法官。他初到埃及时，正值以色列独立战争时期，生活在敌对国埃及的犹太人，政治和社会地位急剧恶化。最让他担心的是，埃及犹太人的宗教信仰在不断减弱。他苦口婆心地劝导犹太社区的领袖们，但效果甚微，最后他决定以辞职来坚守原则。约瑟夫拉比对哈拉卡的诠释是宽容的，但对信仰的维护则毫不妥协。

1950年，约瑟夫拉比结束了在埃及艰难的三年，带着家人回到以色列。他被任命为佩塔提克瓦市犹太法庭的法官，成了以色列历史上最年轻的法官。一年后，他辞去了法官职位，回到犹太经学院继续深造，同时继续著书立说。

1956年，约瑟夫拉比重返法庭担任法官，致力于恢复塞法迪犹太人和东方社区的传统，使之成为以色列犹太宗教生活的中心。1959年，他被任命为耶路撒冷犹太民事法庭的法官。1965年，年仅40岁时，他被任命为圣城耶路撒冷犹太上诉法院的法官，耶路撒冷犹太上诉法院是以色列乃至全世界的最高犹太上诉法庭。

1968年，奥瓦迪亚·约瑟夫当选特拉维夫-海法市的首席塞法迪拉比。在这个大城市的新职位上，他开始自豪地挥舞塞法迪传统和裁决的旗帜。他写道："众所周知，在我之前的塞法迪首席拉比都会听从阿什肯纳兹首席拉比……但我不会受他们支配。我的职责是重现古老荣耀，并按照昔日伟大导师约瑟夫·卡罗拉比[1]的立场作出裁决。"

1973年，约瑟夫拉比登上了顶峰——当选以色列塞法迪首席拉比。当时的以色列阿什肯纳兹首席拉比塞缪尔·戈伦将军，曾

1　塞法迪犹太人约瑟夫·卡罗（Rabbi Yosef Caro），是哈拉卡奠基之作《犹太法典》（*Shulchan Aruch*）的作者，此书完成于奥斯曼土耳其帝国统治时期的巴勒斯坦。

是约瑟夫在特拉维夫的拉比同事。两位大拉比性格迥异，对犹太哈拉卡持不同看法，因此矛盾和冲突不断。但是，他们都致力于加强整个犹太世界的宗教信仰，为犹太人民提供正确的宗教引导，由此彼此欣赏，相互尊重，都无愧于宗教泰斗的身份。

宽容、务实的哈拉卡裁定，以及主要著作

奥瓦迪亚·约瑟夫拉比认为，哈拉卡是一个无所不包的完整体系，生活中的任何问题都能从中找到答案。因此，他从未像迈蒙尼德一样发表世俗哲学类书籍。

对于自己的以色列首席拉比工作，约瑟夫拉比这样定位："尽我所能地面对世间的麻烦，用神圣的《托拉》精神去解决问题，用希勒尔[1]学派的仁慈力量去缓和而非加剧问题。"

在具体回答或者裁定哈拉卡问题时，约瑟夫拉比坚持两条原则。

第一条裁决原则：任何问题的解答，都必须基于450年前的《犹太法典》。他追求的是"重现古老的荣耀"，恢复16世纪塞法迪哈拉克至高无上的地位。

1　希勒尔·哈–撒根（Hillel Ha-Zaken），公元前后巴勒斯坦犹太人族长，犹太教公会领袖和拉比，传说与同时代的耶稣同为大卫王的后裔。他在对犹太教律法的阐释上属宽容派。所拟"解经准则"七条，对后世犹太教解经学家具有重大影响。编有《古代犹太拉比格言集》，成为后人编写《塔木德》的依据之一。

第二条裁决原则：走温和、宽容的哈拉卡路线。在世俗化的现代世界，大部分犹太人虽有对哈拉卡的情感与依恋，却不能持续、完整地履行其义务。约瑟夫拉比的视野遍及整个以色列乃至全世界的犹太公众，而非少数宗教精英。他认为，大众有许多宗教可供选择，强加过于沉重的哈拉卡枷锁可能适得其反，导致哈拉卡被全盘放弃；而温和的裁决能把他们拉回到哈拉卡道路上。他坚信《塔木德》格言——"宽容的力量更强大"。

从 17 岁出版第一部著作起，奥瓦迪亚·约瑟夫拉比一生笔耕不辍。他的数十部著作广受拉比们和哈拉卡学人的高度赞赏，极大地巩固了他作为伟大学者和哈拉卡导师的地位。

1952 年，约瑟夫拉比出版了《奥瓦迪亚的愿景》。两年后，他出版了"亚比·欧默丛书"的第一册。整套"亚比·欧默丛书"共十一卷，记录了哈拉卡治下的不朽历史。丛书的构架类似《犹太法典》，采用答问形式。这套不朽的著作，为他赢得了 1970 年的国家最高荣誉——以色列奖。

1968 年，约瑟夫拉比开始在以色列科尔电台主持每周一次的"哈拉卡角"广播节目，同样采用解答听众提问的形式。在节目问答的基础上，他整理出版了"经验知识丛书"。

《约瑟夫选集》是这套丛书的续作，由奥瓦迪亚·约瑟夫拉比的儿子伊扎克·约瑟夫拉比与现任以色列塞法迪首席拉比共同创作。这套包括 40 本小册子的丛书与《犹太法典》风格类似，措辞明确，对奥瓦迪亚·约瑟夫拉比的哈拉卡裁决进行了深入讨论。

除了这三个系列之外，约瑟夫拉比还著有《家的纯洁》三卷，以及一些更为具体的书籍、几十篇文章，以及几百项已实施但未书面公开的哈拉卡裁决案例。在他的著作中，《约瑟夫的包》实用性最强，在犹太家庭、教堂和学校中传播甚广。

创立沙斯党，影响以色列政坛

1983年卸任以色列塞法迪首席拉比时，约瑟夫已经63岁。他依然精力充沛，自感尚未完成使命。次年，他成立沙斯党（SHAS，意为"塞法迪保卫者"），为塞法迪东方犹太人的利益代言。沙斯党的宗旨是"重现古老的荣耀"，修复"对塞法迪以色列人持续的经济和社会歧视"。

1948年以色列建国后，大量的北非和中东犹太人移民以色列。当时的以色列领导层主要由世俗的阿什肯纳兹犹太人组成，他们将塞法迪犹太人的宗教生活方式视为文化原始性的表现，并试图将他们融入现代西方社会。在建国的最初30年里，这些东方犹太人没有属于自己的宗教运动或政治机构。20世纪70年代中期，阿什肯纳兹和塞法迪之间的民族分裂成为以色列一个重大的社会问题。

沙斯党敦促政府出资开展正统宗教教育，从而在贫穷的塞法迪城镇获得了广泛的民众支持。同时，沙斯党鼓励非正统的塞法迪以色列人采用哈拉卡的生活方式。由于沙斯党关注东方犹太人在社会福利和教育上的需求，即使较为世俗化的东方犹太人也逐渐抛弃利库德集团，转而支持沙斯党。

在建党当年的议会选举中，沙斯党就获得了四个席位；在1999年的议会选举中更是赢得了意想不到的17个席位，宣告了以色列政坛首次出现对两个主要政党构成威胁的第三政党。2009年的议会选举中，沙斯赢得了11个席位，在本雅明·内塔尼亚胡总理的联合政府获得4个内阁职位，党魁伊莱·伊沙担任副总理兼内政部长。在2013年1月的议会选举中，沙斯再次赢得了11个席位。

政务繁忙使得约瑟夫拉比每天用于研习《托拉》和写作的时间大为减少。一次凌晨梦中获得的启示，解开了他的烦恼。在《家的纯洁》一书的序言中，他谈到伊拉克犹太社区最伟大的拉比约瑟夫·海姆走进他的书房，"约瑟夫·海姆拉比问我是否还像以前一样在公共场合作宗教布道和演讲。我回答是的……但我向他抱怨这妨碍了我的写作。他说，写作是好事，但不能放弃公共活动，因为神会因众生被救赎而感到欣慰。众生需要聆听托拉道德和忏悔之辞，每个忏悔者都是一个完整的世界"。

作为沙斯党的精神领袖，约瑟夫拉比在各种场合的发言备受公众和媒体的关注。在以色列历史上，从没有一位宗教领袖达到过他在公众和哈拉卡中的地位。一方面，他通过自己的宗教地位扩大和加强了政治力量，如果没有约瑟夫拉比，就不可能有沙斯党的存在；另一方面，约瑟夫拉比的公众地位在很大程度上通过沙斯党获得。

2013 年 10 月 7 日，奥瓦迪亚·约瑟夫拉比因多脏器衰竭而去世，享年 93 岁。约 80 万人（约占全国人口的十分之一）参加了他在耶路撒冷的葬礼，这是有记载以来犹太人规模最大的葬礼之一。

无法想象，在当代还有谁能同时扮演宗教领袖、宗教学者、哈拉卡权威和政治领袖的多重角色。约瑟夫拉比影响以色列朝野数十年，他是如何做到的呢？是否还有人能继承他的辉煌？他的儿子们试图在不同的机构或领域延续其道路，但尚未达到他的高度。特殊的人格和所处的特殊时代，注定了约瑟夫拉比的独一无二。同样重要的是，他愿意表达自己的立场，勇于直面大多数人回避的问题。

阿里埃勒·菲卡尔博士认为："在大屠杀和被救赎、世俗化和被同化的一代中，奥瓦迪亚·约瑟夫拉比是一位伟大领袖。这代人的许多后裔回到了故土，重现了古老的荣耀。基于巨大的宗教影响力与政治权力，约瑟夫拉比建立了一个庞大的宗教教育体系，这是大规模的正统塞法迪犹太社区稳定存在的基础。通过其宗教著作和广为人知的哈拉卡裁决，他建立了一套完整的宗教律法与生活方式，它们是千千万万犹太人的指路明灯。"

汉娜·塞内什
Hana Szenes

15/

汉娜·塞内什：
未归的伞兵

汉娜·塞内什（Hana Szenes）是一名战士和诗人，勇气和钢铁般的意志使她成为犹太民族英雄主义的象征。

1943 年，塞内什自愿加入英国伞兵部队。她和战友们在被纳粹德国占领的南斯拉夫空降，在潜入匈牙利边境后被俘。她在受尽严刑拷打之后被纳粹处决，牺牲时年仅 23 岁。

塞内什牺牲后，人们在其位于巴勒斯坦的住处发现了她的秘密诗作。其中的《祝福之战》和《恺撒利亚之行》成为以色列诗歌的经典之作。

1921 年 7 月 17 日，汉娜·塞内什出生于匈牙利首都布达佩斯一个富有的犹太家庭，全家居住在一个远离犹太隔都的社区。

父亲贝拉是一位著名记者兼剧作家，在汉娜 6 岁时去世。

前往巴勒斯坦

汉娜上的新教私立学校也接受犹太家庭的学生，但是犹太学生的学费是普通学生学费的三倍。虽然由于学业出众她只付了两倍的学费，但这让早年的汉娜感受到了反犹主义。

随着匈牙利犹太人的境况变得越来越糟，她开始接受犹太复国主义，并加入了匈牙利犹太复国主义学生组织。

此后，巴勒斯坦就成了她的向往之地。她开始学习希伯来语，深入了解巴勒斯坦的历史、地理和生活方面的信息。

她第一次在日记中提到犹太复国主义时写道："我感到前所未有的踏实，在我面前的是一项值得我为之奋斗和献身的伟大事业。我将竭尽全力学习希伯来语……这样我就会完全改变。信仰对每个人来说都是绝对必要的，它能让人们感到生命并非多余，应当去扮演一个重要角色而不是虚度光阴。犹太复国主义给了我这一切。"

18 岁生日当天，汉娜·塞内什在日记中写道："故土的每一寸土地都让我觉得自己是一名犹太人……我为我的民族感到骄傲，我渴望移民到以色列地并投身于建设中……今天是我 18 岁生日，我的脑海中只有一个想法——前往以色列地。世上只有以色列地，能让我们感到并非难民或移民的暂居之地，而是我们的故乡。"

次年，汉娜高中毕业。她离开母亲凯瑟琳和弟弟吉洛拉，立即动身移民巴勒斯坦。

基布兹的生活

汉娜·塞内什在纳哈拉的一所女子农业学校刻苦学习，并认识到农业将是犹太人生活的基础。从学校毕业后，她带着兴奋的心情投身到塞多亚姆基布兹和默哈德基布兹的建设中。她在日记中写道："我记得从童年起，我就想象自己要做的每件事都是大事。这一定是指引我加入基布兹的特质之一。"

汉娜对基布兹的生活方式有着深刻的信仰，也有信心在工作中体现自己的独特价值。但是，初到基布兹时她遭遇了不少困难。基布兹的生活条件十分艰苦，妇女可从事的劳动工种受到限制，同事间因背景不同而难以发展友谊等。同时，她也十分想念家人。她对母亲有着深深的负疚感，觉得自己移民巴勒斯坦是抛弃了她。弟弟吉洛拉在欧洲的灭犹屠杀中幸免于难，在她执行最后的空降任务前夕才到达巴勒斯坦。

在基布兹遇到的困难和失落，以及对家人在匈牙利命运的担忧，这些因素很可能对汉娜同意接受潜入敌后的任务起了一定影响。

"星期六一大早，我登上了基法尔吉拉迪对面的山。在这个美好的早晨,空气清新,我明白了为什么摩西是在山上领受了《托拉》。只有在山上,才能看到人类是多么渺小,才能接收来自高处的指示,并且在与神相近之地感到心安。在山上,地平线向四处展开,你将明白事物的真正规律。在山上,你可以且必须相信。在山上,问题自然而然地出现了:我将派谁去? ——我自己!为了美好和善良——我可以吗?"

1943年1月,她在日记中写道:"我突然冒出一个想法,我必须马上去匈牙利,去帮助组织青年移民,把母亲也带到以色列地。"几天后,帕尔马赫的一名战士来到塞多亚姆基布兹,他建议汉娜加入一个以帮助欧洲的犹太人为目标的组织。

同年9月,她这样回顾在巴勒斯坦的四年生活:

"如果回到当初,我还会移民到巴勒斯坦吗?我会的。会去纳哈拉吗?不,我不会直接去基布兹。去塞多亚姆呢?也许不会,那儿对我来说太年轻了。起初我不愿承认这一点。当然,还有很多因素把我和那儿联系在一起。也许这些联系是虚构的?这很难说。我现在会应征入伍吗?当然会。几乎所有事情我都会做出同样的选择,因为我的生活从来没有任何随机性,我走每一步都是出于一种内在的需求。如果我选择了其他道路,我会很痛苦。这样看来,我并不痛苦,但我也不会满足于现状。犹太复国主义和社会主义,这些甚至在我真正意识到它们之前都是我与生俱来的本能。我的意识和认知只是加强了它们,但这两者都扎根于我的情感之中。"

1943 年 11 月，汉娜·塞内什开始学习无线电操作，接受伞兵训练。约尔·佩尔吉这样回顾在此期间与她首次见面的场景："她身材高挑，交叉着修长的双腿坐在那里，双手放在小桌板上，有种迷人的，甚至是颠覆一切的力量。她蓝灰色的制服衬托出蓝色的眼眸，深棕色的卷发自然地修饰出精致的面颊。她有种非常和谐的气质。"

待命潜入敌后

　　1944 年 1 月，在巴勒斯坦经过数周的紧张训练后，汉娜·塞内什到达埃及开罗继续接受训练。同年 3 月，她与在巴勒斯坦招募的战友们飞往意大利。在推翻墨索里尼政权后，意大利新政府试图投奔同盟国，前盟友纳粹德国迅速入侵，导致意大利被分裂成纳粹控制的北部和盟军控制的南部。

　　这支伞兵部队的主要使命，是让战士们抵达在欧洲的祖国，组织这些国家的犹太人移民到巴勒斯坦，并设法拯救尽可能多的犹太人。到达意大利两天后，汉娜和战友们相继在南斯拉夫游击队占领的敌后区域空降。他们在那里停留了三个月，焦急地等待进入匈牙利的机会。在从意大利飞往南斯拉夫的途中，她给基布兹的朋友写信说：

　　　在海上，在陆地，在空中

　　　在战争中，在和平中

我们都致力于同一个目标。

每个人都将坚守着他的岗位

不同的角色之间并无差别。

我会永远记得你，

因为你带给了我无穷的力量。

1944 年 3 月，匈牙利试图效仿意大利脱离轴心国，但纳粹德国迅速占领了匈牙利，这使得渗透匈牙利的计划更加困难。战友鲁文·达芙妮写道："汉娜心急如焚。她不断地向前推进，向边界推进……"

被 捕 之 后

1944 年 6 月初，汉娜和战友们从南斯拉夫潜入匈牙利，在边境附近的一个村庄遭遇匈牙利宪兵，随身的发报机暴露了身份。她和战友们被移交给纳粹德国当局，关押在附近的监狱。纳粹审讯者希望获得发报密码，以便逮捕其他跳伞者并继续诱捕。汉娜被剥光衣服、绑在椅子上严刑拷打，但她依然拒绝说出密码。战友约尔·佩尔吉称她"如钢铁般坚强"。甚至纳粹审讯者也为她宁死不屈的气概所动容，对她表现出少有的尊重。汉娜曾试图自杀，但未能成功。

纳粹审讯者又想出了更毒辣的招数。她被带到布达佩斯监狱的一个小牢房，惊讶地看到了母亲。纳粹分子威胁汉娜说，如果她拒不交待，母亲将在她面前受刑并被处决。汉娜咬紧牙关，不为所动。

汉娜母女俩与其他被捕的伞兵们被关押在同一所监狱中。为了鼓励狱友们，汉娜用一面镜子向其他牢房中发信号，用狱中捡到的物品做成"礼物"，把"礼物"和信件偷偷扔出窗外。

在她牺牲后，人们在她衣物内发现了她写于 1944 年 6 月的人生最后一首诗：

在狱中

一，二，三……八英尺长

两步见方，其余一片黑暗

生活就像一个问号笼罩着我

一，二，三……也许还有下周

或者下个月，我还会在这里

但我能感觉到，死期将近

7 月，我将满 23 周岁

我把赌注压在了最重要的事情上

赌注已下

我输了

德国人完全占领匈牙利后，母亲凯瑟琳被释放，汉娜被转移到另一所监狱。1944 年 10 月 28 日，审判开庭，她承认自己拯救犹太同胞的使命，但拒绝承认犯有叛国罪，并与法官展开唇枪舌剑的辩论。11 月初，她被转到死囚区。一名狱警进入牢房，建议她请求赦免，否则将被处决。汉娜拒绝了，并提出上诉，但上诉被驳回。11 月 5 日上午 10 点，她被带到监狱院中的小教堂，但并未按照传统举行死刑犯的最后仪式。

面对行刑队，汉娜拒绝蒙上眼睛。战友约尔·佩尔吉写道："目击者说，她站在行刑士兵面前，没有低头，没有屈服，瞪大眼睛，眼皮也不眨一下。她保持这样的站姿，直到中弹倒在他们面前，血流如注。"

汉娜牺牲后，遗体被葬在布达佩斯的犹太公墓，离父亲的墓不远。不久，母亲收到了一张纸条，那是汉娜在行刑的前几天在牢房里写的："亲爱的母亲！如果我可以得到你的原谅，我只想对你说：万分感谢。只有你能懂，我寥寥数语中对你无尽的爱——你的女儿。"

1950 年 3 月，汉娜牺牲 6 年后，她的遗体被迁至耶路撒冷赫茨尔山的军人公墓。当天，伞兵们空降到她位于塞多亚姆基布兹的家，在她的棺木上献上鲜花。以色列总理大卫·本 - 古里安等国家领导人及友人们，在她的墓前献上花圈。

汉娜留下了一本日记和其他一些作品，其中有一本名为《无言》的诗集。《祝福之战》作于在南斯拉夫待命期间，在以色列的诗歌爱好者中十分流行。她本人最喜爱也最著名的诗歌是《恺撒利亚之行》，创作于 1942 年的恺撒利亚。飞往意大利前，她把这首诗歌交给了战友雷文·达芙妮。达芙妮打开信封，里面有几行字：

上帝啊，我的上帝，我为之祈祷永恒

沙滩和大海

流水潺潺

天空的闪电

和人们的祈祷

后来，这封信转到了基布兹成员莫希·布雷斯拉维手中，布雷斯拉维受命编辑一部纪念汉娜·塞内什的书。他说："只有真正拥有诗人灵魂的女子才能作出这样的诗。"在塞多亚姆基布兹，他打开了汉娜存放私人物品的箱子，找到了《恺撒利亚之行》的原稿。原稿上的日期是：1942年11月24日，那时她刚到巴勒斯坦不久。

布雷斯拉维将这两首诗歌交给了他的作曲家朋友大卫·泽阿维，后者在两天内为这两首诗谱曲。最伟大的希伯来诗人以利亚·哈肯认为，由汉娜·塞内什作词、大卫·泽阿维作曲的《恺撒利亚之行》是有史以来最美的一首希伯来歌曲。

许多年以后，人们依然在纪念汉娜·塞内什。2008年，由美国导演罗伯塔·格罗斯曼执导的纪录片《祝福之战：汉娜·塞内什的生与死》上演。

伊扎克 · 拉宾
Yitzhak Rabin

16/

伊扎克·拉宾：
为和平而战的勇士

伊扎克·拉宾（Yitzhak Rabin）是"建国之子"群体的一员，是首位出生于以色列本土的总理、首位被刺杀和第二位在任期间辞世的总理。

作为军人，他为国家独立和安全而战；作为政治家，他为赢得和平而战。

1922 年 3 月 1 日，伊扎克·拉宾出生于耶路撒冷。父亲尼希米·拉宾来自乌克兰一个贫苦犹太家庭，"十月革命"后移民美国。第一次世界大战爆发后，他报名参加美国的犹太军团，加入英军驱逐巴勒斯坦土地上的奥斯曼土耳其帝国统治者。战后他加入新成立的电力公司，活跃于工会活动中。母亲罗莎·科恩是来自俄罗斯的移民，家境富裕。她是海法市的哈加纳指挥官，曾与梅厄夫人共事。伊扎克和妹妹瑞秋，生长在这样一个政治氛围浓郁的家庭。

伊扎克·拉宾渴望加入基布兹，因此初中毕业后进入了一所农校。但是，动荡的时局把他引向了另外一条人生道路。19 岁时，他被选入哈加纳的精锐部队帕拉玛赫，参加了英军的军事行动。为了将亲纳粹的法国维希军队驱逐出叙利亚和黎巴嫩，英军招募了一些熟悉叙利亚和黎巴嫩边境的犹太人，在英军进攻前侦察敌情。伊扎克·拉宾所在的侦察队出色地完成了任务。

此后几年里，帕尔玛赫不断发展，成为伊休夫最精锐的军事力量。大多数服役满两年的帕尔玛赫成员被派去建设基布兹，只有少数指挥官作为在编人员留下。1941 年至 1949 年，拉宾在帕拉玛赫前后服役 8 年，其间从班长、排长、连长、营长逐级晋升，26 岁时晋升旅长。旅，是当时哈加纳和帕拉玛赫最大的编队。

"缅甸小道"，一战成名

1947 年 2 月，英国宣布将巴勒斯坦问题交给刚刚成立两年的联合国处理，一年后结束托管统治，撤回所有驻军。同年 11 月，联合国大会投票通过《181 号决议案》，将巴勒斯坦分割为犹太国和阿拉伯国。阿拉伯人拒绝接受该决议，在"把犹太人扔进海里"的口号下立即发动进攻，以色列独立战争爆发。

圣城耶路撒冷在犹太人心目中有着特殊地位，当时的耶路撒冷居住着巴勒斯坦近 20% 的犹太人。约旦军队控制了位于耶路撒冷和特拉维夫之间的阿亚伦山谷，阻断了耶路撒冷的食物和武器供应。打通从特拉维夫到耶路撒冷的交通线，便成为独立战争前期的关键战役之一。

伊扎克·拉宾被任命为哈雷尔旅的旅长，承担这项重要任务。交通线几度打通，物质得以送入耶路撒冷，又几度得而复失。在回忆录中，拉宾这样描述当时的惨烈场面："每一场战斗、每一次突袭都会带来可怕的消息。营中最优秀的士兵倒下了，但他们的战斗精神仍不屈服，有种庞大的力量让他们的心脏仍在跳动。从来没有一个国家得到过这样一群勇士的保佑，也从来没有一个国家将实现和捍卫其独立的任务托付给如此少的人，而且只有如此贫乏的武器。"

拉宾向指挥部报告：在敌众我寡的情况下，强攻不可行，必须另辟蹊径。本 - 古里安闻讯勃然大怒，威胁要处理"临阵胆怯"的拉宾。拉宾并没有屈从于本 - 古里安的压力，在冷静分析敌我形势和战场地形后，他避开正面的强敌，翻山越岭改造了阿亚伦山谷南边的一条曲折沙路，迂回至耶路撒冷城东，确保物资源源不断地送入城内。"缅甸小道"让拉宾一战成名。

此战充分反映了伊扎克·拉宾的性格特征和思维方式。他每逢大事有静气，能冷静思考；面对上级的压力，他不盲从；在错综复杂的局面下，他尽可能避免正面冲突，采用迂回战术找出捷径，以最小的代价实现目标。这些特征，在他日后的军事和政治生涯中得到淋漓尽致的发挥。

独立战争期间，伊扎克·拉宾忙中偷闲，与战友莉娅·施罗斯伯格成婚后育有两子——尤瓦尔和达利亚。

战后，拉宾先后在以色列中部军区和南部军区担任要职。

总 参 谋 长

独立战争结束后，拉宾被派去领导以色列国防军的营长训练班。不久，他前往英国坎特伯雷参谋学院进修。回国后，他担任总参谋部军训部长，全面负责以色列国防军的训练，并晋升少将军衔。此后至1959年，他一直担任北部军区司令。

1959年4月1日，一则关于征召预备役的无线电播报传输超出了官方规定的范围，让以色列国民误以为大战即将来临。毗邻的阿拉伯国家紧急调动大批部队，并宣布备战就绪。事态在几天内平息下来，两名总参谋部高级军官——作战部长和情报部长被撤职。伊扎克·拉宾离开北部军区，接任总参谋部作战部长。

1964年1月1日，伊扎克·拉宾站在了军队金字塔的顶端，被任命为以色列国防军第七任总参谋长。1956年西奈战争产生的威慑效应还在持续，他在一个相对平稳的时期接管了军队。然而，叙利亚军队偶尔入侵东北部边境，巴勒斯坦法塔赫组织成员时常潜入以色列进行破坏和杀戮。毗邻的阿拉伯国家公然违反国际法，将约旦河的水流引到自己的领土上，企图以阻断水源的方式扼制以色列的发展。于是，以色列发起了一场"水源战争"，并最终赢得了这场局部战争。

在利维·艾希科尔总理的支持下，拉宾全力建设以色列国防军，特别是装甲兵和空军。以色列国防军规模虽小但装备精良，战斗力强大，随时准备应对任何局部威胁。1967年春天，威胁再度来临，并很快让整个中东乃至世界达到了沸点。

埃及总统贾迈勒·阿卜杜勒·纳赛尔宣称，通过摧毁以色列来解决巴勒斯坦问题的时机已经成熟。在其他阿拉伯国家的支持下，埃及军队进入西奈半岛，封锁蒂朗海峡，并驱逐了在埃及和以色列边境的联合国维和部队。美国等主要大国试图调解并和平解决这场危机，但无济于事。三周后，以色列政府得出了和平谈判彻底破裂的结论，命令以色列国防军对埃及军队发起防御性攻击。起初，埃及人吹嘘他们在与以色列的战争中取得了惊人的胜利，鼓动叙利亚和约旦参战，后来伊拉克也向约旦派遣了增援部队。

在拉宾的指挥下，以色列国防军痛击了三支阿拉伯（埃及、叙利亚和约旦）军队。战争结束后，苏伊士运河成为以色列西部的新国界。西奈战争的大捷归功于战前五天才上任的国防部长摩西·达扬。随着时间推移，人们终于明白，（战前的）总理兼国防部长利维·艾希科尔和总参谋长伊扎克·拉宾才是最大的功臣，他们在战前的运筹帷幄理当得到应有的认可和尊重。

以色列驻美国大使

伊扎克·拉宾担任了四年以色列国防军总参谋长。1967年12月31日，在连续26年服役后，他脱下戎装，就任以色列外交部门中最具声望的角色——以色列驻美国大使。

当时的美国，正陷在越战的泥潭之中。这样一位战功赫赫的传奇将军赴任美国大使，美国的政界、军界都带着好奇心翘首以盼。在"六日战争"英雄的光环下，拉宾四处作报告，而五角大楼的将军们在台下洗耳恭听、虚心请教。

直率、积极、开放的性格，使得拉宾很快融入了华盛顿的权力圈。他与总统、众多的议员和媒体大腕们建立了密切的私人关系，似乎华盛顿所有的大门都向伊扎克·拉宾夫妇敞开。

拉宾粗中有细。对亨利·基辛格和国务卿威廉·罗杰斯，他直接指着对方大吼；对总统理查德·尼克松，他则采用软磨硬泡的策略。

在担任以色列驻美国大使的四年中，拉宾成绩斐然。以色列与美国的政治、军事和经济等方面的合作得到全面增强。以色列获得了大批先进军火，美国政界越来越亲近以色列。

当然，拉宾的成绩也有外部的因素。当时，理查德·尼克松总统身边的红人亨利·基辛格和兹比格涅夫·布热津斯基都是犹太人。在他赴任驻美大使后不久，一向对他很器重的果尔达·梅厄总理接任以色列总理。

担 任 总 理

1973年夏天，伊扎克·拉宾夫妇返回以色列。拉宾决定参选总理，但在工党初选候选人名单上名列第20位。1973年10月6日至24日，赎罪日战争爆发。在埃及和叙利亚的闪电战下，以色列在战争初期失利，最终在付出惨重代价后取胜。战争结束后，果尔达·梅厄内阁和军界领导辞职。由于没有参与赎罪日战争的领导工作，拉宾成为总理的理想人选。

1974年6月2日，以伊扎克·拉宾为首的新政府获得了议会的信任，以色列诞生了第一位出生于本土的总理，而前四任总理都是移民。

拉宾在执政初期步履艰难，长期的战争以及阿拉伯国家对以色列和西方实行石油禁运，对以色列经济和人民生活造成了严重影响。除了振兴经济，他还希望摆脱与埃及的长期军事冲突。1975年夏天，在美国的调解下，以色列和埃及的关系开始缓和。

1976年6月，拉宾政府面临了一次重大考验。巴勒斯坦民族解放组织和德国赤军旅的成员劫持了一架法航班机，降落在乌干达恩德培国际机场。他们要求释放被关押在以色列的数百名巴勒斯坦人，以此作为释放100名以色列人质的交换条件。考虑了所有选项后，拉宾果断授权以军采取行动。总参侦察营乘坐运输机从天而降,迅速占领恩德培机场并成功解救了人质。"恩德培行动"是第二次世界大战后最大胆、最成功的小规模行动之一，在全世界引起了轰动。

通货膨胀引起民众的不满，在安息日为从"恩德培行动"胜利返航的战机举行欢迎仪式，违反了摩西圣训，议会对拉宾内阁投了不信任票。

此时，工党内部也矛盾重重。1976 年 12 月，拉宾宣布解散议会，并将在 6 个月内重新选举。1977 年 5 月 17 日的大选临近之际，《国土报》披露一则爆炸性的新闻——拉宾的妻子莉娅在美国有一个银行账户。拉宾发表声明：这个账户是在以色列驻美大使任上开立的，他对妻子的行为承担全部责任。

1977 年 4 月 7 日，伊扎克·拉宾宣布辞去总理职务，并退出 40 天后的大选。朋友和同僚们劝说让他改变主意，他说："我必须和莉娅一起承担全部的道德责任。我受的教育、我的传统和我的个人准则迫使我这样做，我必须为此付出代价。"

在工党执政长达 29 年后，以色列人民选择了右翼利库德党。几周后，利库德领袖梅纳赫姆·贝京组阁，拉宾成了一名普通的议会议员。他回归家庭，积极参加体育运动，并开始撰写自传。他在 1979 年出版的《服役手册》引起了极大的关注和争议，书中对两党政客严厉批评，包括在 1974 年至 1977 年期间担任拉宾内阁国防部长的希蒙·佩雷斯。下野后，拉宾度过了乏味的 7 年，其间西蒙·佩雷斯成为工党领袖，拉宾沦为党内二号人物。

1984 年第 11 届议会选举之后，利库德和工党成立了联合政府。西蒙·佩雷斯被任命为两年期的总理，利库德领袖伊扎克·沙米尔将接任后两年的总理。拉宾获任四年任期的国防部长，并在 1988 年选举后留任。

1990 年，伊扎克·拉宾领导了联合政府，但再次被竞争者夺权。1992 年春，拉宾击败佩雷斯重新执掌工党，收到了 70 岁生日的一份厚礼。"以色列在等待拉宾"，工党在这次竞选中的口号简短而令人难忘。工党最终获胜并重新掌权，拉宾再次出任总理。

在第二届总理任期中，拉宾表现得成熟老练。他将 10 亿谢克尔投入教育事业中，发展交通和媒体，安置数十万的新移民。以色列此前持续衰退的经济，在他当选后进入增长期。

艰难的和平之路

解决以色列与阿拉伯国家之间的武力冲突，是拉宾总理工作的重中之重。他同约旦国王侯赛因和巴解组织进行了公开而谨慎的谈判。在此之前，由于一再宣称他们的目标是"消灭以色列"，巴解组织被认为是不可和解的敌人。

1993 年，在挪威的撮合下，巴以双方在奥斯陆经过历时数月的秘密谈判，就实现初步和平取得实质性突破。9 月 13 日，在美国总统比尔·克林顿的主持下，巴以双方在美国白宫的草坪上正式签署了《奥斯陆协议》。拉宾在仪式上宣布："不再流血，不再流泪"和"一个新的时代开始了",并与巴解组织领导人亚西尔·阿拉法特握手言和。

同年年底,以色列总理伊扎克·拉宾、外交部长西蒙·佩雷斯和巴解组织领导人亚西尔·阿拉法特共同获得诺贝尔和平奖。然而,和平乍露曙光,巴勒斯坦人的血腥袭击却仍在继续,甚至有所升级。在以色列国内,也有不同声音,反对政府政策和拉宾个人的示威游行成了当时的常态。

1994 年 10 月,以色列总理拉宾与约旦国王侯赛因签署了和平协议,约旦的大门首次向以色列的大批游客敞开。1995 年下半年,反对拉宾的右翼示威活动扩大,并对他的生命造成威胁。但拉宾并没有在意,一如既往地拒绝穿防弹背心。他继续打击那些反对和平政策的右翼领导人,这符合民意调查的结果,他相信人民会支持他。

1995 年 11 月 4 日,拉宾在特拉维夫以色列国王广场参加了一场大规模集会,集会口号是"赞成和平,反对暴力"。他发表了倡导和平的讲话,受到了数十万人民的热烈追捧。当他离开演讲台走向座驾时,突然一声枪响,一位法律专业学生走近了他,并近距离向他背部射击。拉宾被迅速送往附近的医院,但不久后伤重不治去世。

这是以色列历史上第一次总理被刺杀事件,以色列人民沉浸在巨大的悲痛中,全世界都无法掩饰悲痛和惊愕。美国总统比尔·克林顿沉痛悼念:"世界刚刚失去了一位伟人。他为人民的自由与和平而战。"

在耶路撒冷，数万人参加了伊扎克·拉宾的葬礼，其中包括许多国际政要：美国总统比尔·克林顿、约旦国王侯赛因、埃及总统胡斯尼·穆巴拉克、法国总统雅克·希拉克、荷兰女王贝娅特丽克丝、英国王储查尔斯王子、德国总统罗曼·赫佐格以及联合国主席赫尔穆特·科尔。如此高阶层的政治领导人集体出席，是对伊扎克·拉宾和平政策的支持和肯定。

此后的几天里，数千人挤满了拉宾被暗杀的广场，他们点起蜡烛、唱着挽歌。在特拉维夫的拉宾寓所附近也可以看到类似的情景。特拉维夫市政府决定以伊扎克·拉宾的名字重新命名这个广场，这个名字从此沿用至今。

伊扎克·拉宾为人谦逊、头脑清晰，他低沉的语言总是建立在事实和知识的基础上。泛红的面色是他的标志性特征，即使冷静状态下也会偶尔泛红。

西蒙·佩雷斯

Shimon Peres

17 /

西蒙·佩雷斯：
以色列的"凤凰"

西蒙·佩雷斯（Shimon Peres）曾任以色列国防部长、总理和总统。在他 2016 年 9 月 30 日的葬礼上，奥巴马总统致辞："本 - 古里安让佩雷斯在哈加纳服役，确保了犹太人拥有保障其自由的武器和组织。"

建国前夕，24 岁的佩雷斯入伍。多年来，他一直是以色列的"安全先生"。这位以色列安全钥匙的掌握者，最终成为促进以色列与毗邻的阿拉伯人、巴勒斯坦人和平共处的主要推动者。

西蒙·佩雷斯原名西蒙·波斯基，1923 年出生于波兰东部边境的维斯妮维小镇（现为白俄罗斯的维什尼耶娃），在那里一直生活到 11 岁。他的大部分家庭成员都在"二战"期间死于德国纳粹的屠刀下。父亲约瑟夫·波斯基和母亲萨拉带着两个孩子西蒙和格尔森移民到巴勒斯坦的特拉维夫，幸运地逃脱劫难。

本谢门学校

在特拉维夫，西蒙·波斯基读了多所学校，15岁时转到本谢门学校。这所乡间的农业寄宿学校，临近阿拉伯城市卢德。白天，他学习农业知识和通识课程，晚上在哈加纳组织中参加军事训练。西蒙对当地木匠的女儿索尼娅一见钟情，开始了漫长的、绞尽脑汁的求爱过程。他为她读诗，为她讲述犹太民族和世界著名领袖的故事。他在回忆录中写道："有一天，我请她陪我去看我负责的黄瓜田。一定是田野的气息起了作用，她看我的眼神和之前截然不同，就像我看着她那样炽烈。索尼娅是我唯一的挚爱。"多年后，两人成婚。

西蒙政治意识强烈，在本谢门学校非常活跃。少男少女们经常讨论一些伊休夫的热点时事：对邻国阿拉伯的态度问题，犹太人是否应该在"二战"期间加入英国军队还是留在以色列加入伊休夫的民兵组织，未来以色列国的社会特征等。佩雷斯对每个问题都有自己的见解，他在校外也开始参加政治会议。

一生中，西蒙反复强调本谢门学校对他的影响："本谢门是我从童年过渡到青少年的地方。在那里的两年半时间，决定了我之后的人生道路。我后来拥有的一切，几乎都是在本谢门获得的。"

西蒙加入了社会主义青年运动组织"哈诺法"[1]，并成为其中的一名教师。1939年，在本谢门学校的一次示威活动中，西蒙认识了马培党的首席思想家伯尔·卡岑内森。两位忘年交时常交流所读的书以及政治问题，卡岑内森甚至邀请西蒙到他特拉维夫的家中参加了数次会议。

当时马培党的另一位著名领袖本－古里安，在去海法参加党代表大会的途中遇到了年轻的西蒙。从此，西蒙成了本－古里安的忠实助手，在他身边工作了很多年。本－古里安一贯热衷提携后进，把西蒙视作潜在继承人。

本－古里安的"好孩子"

1941年，西蒙·波斯基从本谢门学校毕业，随后加入了格瓦基布兹的青年社团。不久，20岁出头的西蒙被提升为"诺法运动"[2]的书记。

随着第二次世界大战愈演愈烈，伊休夫内部兴起了一场志愿加入英国军队抗击纳粹德国的运动。西蒙的父亲约瑟夫·波斯基加入了英军，在希腊战役中被德军俘虏，4年后"二战"结束，他回到了家中。

西蒙担任书记的3年中，正处于巴勒斯坦劳工党四分五裂之

1　哈诺法（Hanoar Haoved），即伊休夫学生和青年工人联合会。
2　诺法运动（Noar Haoved），是巴勒斯坦规模最大的青年运动组织。

际。朝气蓬勃的西蒙竭尽全力捍卫巴勒斯坦劳工党在青年运动中的地位，个人的影响力也得到了快速的提升。

1945年，西蒙·波斯基正式改姓"佩雷斯"，加入新成立的阿鲁莫特基布兹。阿鲁莫特基布兹位于加利利海地区的一座小山上，四周风景如画。西蒙与索尼娅的关系修成正果，在基布兹举行了一场欢乐的世俗婚礼，而宗教仪式则选在本谢门学校举行。从那时起直到去世，索尼娅陪伴丈夫度过了他跌宕起伏的政治生涯。

西蒙·佩雷斯在基布兹从事各种农业工作。和后来的竞争对手兼搭档阿里埃勒·沙龙一样，他特别喜欢牧羊。黎明时，他赶着羊群出发，在牧羊的一整天中，欣赏着加利利海以及远处黑门山顶的积雪。

1946年，世界犹太复国主义者大会在瑞士巴塞尔举行，巴勒斯坦劳工党派出了一个代表团参加了会议，佩雷斯未被选为会议代表。根据大卫·本-古里安的安排，一批有前途的年轻人被派往议会，摩西·达扬和西蒙·佩雷斯就是其中的两名佼佼者。

1947年春，佩雷斯被本-古里安召回，参加伊休夫的备战工作。在本-古里安和其助手利瓦伊·埃斯科尔（Levi Eshkol，以色列第三任总理）的领导下，佩雷斯负责联络美国，获取军火和军需品。在以色列建国之初，他出任国防部办公室副主任。1953年，时年29岁的佩雷斯出任国防部办公室主任。本-古里安与其他青睐老人的巴勒斯坦劳工党领导人不同，他着力培养和提携年轻人。

西蒙·佩雷斯和总参谋长摩西·达扬被称为"本 - 古里安的好孩子"。

"火枪手行动"的幕后英雄

20 世纪 50 年代初，埃及为反抗法国统治的阿尔及利亚叛乱者提供援助。面对共同的敌人，以色列和法国的关系得以回暖，西蒙·佩雷斯成为巴黎的常客。初抵法国时，佩雷斯对法国的语言和文化所知甚少。为了快速提高法语能力，他常常在飞行途中读书学习。一开始，法国的政治圈几乎无人认识这位年轻的以色列国防部官员，他被戏称为"穿蓝色西装的家伙"。

法国政府更替频繁，总理和国防部长也随之更换，西蒙·佩雷斯不得不一次次重新游说新的当权者。有鉴于此，他一方面与掌握实权的法国军政要员们保持良好关系，另一方面扩大交往圈，与潜在的政治新星们接触。佩雷斯的不懈努力，换来了源源不断的先进战机、坦克、大炮和装甲车。在法国的支持下，以色列国防军从一支松散的民兵武装迅速升级为一支现代化军队。

1955 年，以色列的最大敌人埃及与苏联的卫星国捷克签署了"捷克军火交易"，让以色列和整个中东地区陷入动荡。具有讽刺意味的是，在独立战争期间，正是捷克为以色列提供了武器，而法国为叙利亚和黎巴嫩提供了武器。佩雷斯的外交成果成为以色列得以生存的重要后盾。在 1956 年的西奈半岛战争中，总理兼国防部长大卫·本-古里安、总参谋长摩西·达扬和国防部办公室主任西蒙·佩雷斯组成的"三驾马车"领导以色列国防军轻松击溃埃及，与独立战争时的胶着战形成鲜明对比。

1956年下半年，埃及总统贾迈勒·阿贝德·埃尔·纳赛尔将苏伊士运河国有化，从而与英法两国交恶。以色列、法国和英国结成了三国同盟，但三方的利益点各不相同：法国和英国想重新控制苏伊士运河，以色列希望免受埃及恐怖分子的频繁袭击。此外，埃及不仅封锁了苏伊士运河，还控制了从红海通往以色列南部港口埃拉特市的要地蒂朗海峡，这是以色列与远东和中国的唯一贸易通道。

随后，英法联军沿苏伊士运河发动了"火枪手"行动。尽管以色列国防军奋勇杀敌，在一周内征服了整个西奈半岛，然而英法联军却未能在苏联干预威胁和美国谴责之前占领苏伊士运河。法国和英国迅速退出了这一险战，以色列也被迫放弃战果从西奈半岛撤军。作为交换条件，联合国对以色列做出了蒂朗海峡去军事化、自由通航，以及监督以埃边境的保证。尽管十年后纳赛尔重新夺回了蒂朗海峡和西奈半岛，引发了"六日战争"，但西奈战争为以色列赢得了和平发展的宝贵十年。

以色列的战争英雄是总参谋长摩西·达扬，但是佩雷斯在以色列备战中发挥了关键作用。此后，法国向以色列提供核反应堆，这是佩雷斯向法国军购的最高成就。

后本－古里安时代的政治生涯

1959 年，佩雷斯被本-古里安任命为国防部副部长。1963 年 6 月本-古里安退休后，佩雷斯在新总理兼国防部长利维·埃斯科尔麾下留任国防部副部长。1965 年，本-古里安与埃斯科尔之间发生了争执，导致马培党分裂。本-古里安另起炉灶组建了拉菲党（RAFI，即以色列工人党），但新政党在以色列议会选举中几乎全军覆没，佩雷斯随之下野。两年多后，佩雷斯成立了马拉奇（Maarach）联盟，将包括马培党在内的所有左翼政党团结在一起。

此后的 30 多年，西蒙·佩雷斯两度出任总理，并担任过政府的几乎所有部长职务，包括：移民部长、交通部长、通信部长、公共关系部长、国防部长、外交部长、财政部长、区域合作部长以及内盖夫和加利利发展部长。

1973 年 10 月的赎罪日战争之后，以色列经历了历史上最困难的时期之一。作为国防部长，佩雷斯是 1976 年 7 月"恩德培行动"的主要决策者之一。在政界和军界对打击距 4 000 多公里外的敌人犹豫不决时，他坚信救援行动将会成功，对促使伊扎克·拉宾总理下最后决心起到了重要作用。

1977 年开始，西蒙·佩雷斯经历了七年不顺。拉宾总理辞职后，佩雷斯接替他成为第九届议会选举的工党候选人，但败给右翼领袖梅纳赫姆·贝京。1981 年，佩雷斯再度败选。在 1984 年的第 11 届议会选举中，左右两派打成平手，形成了轮换领导的联合政府。根据两党之间达成的协议，佩雷斯在前两年担任总理，利库德领导人伊扎克·沙米尔在后两年接任总理。

在任总理的两年间，佩雷斯高效、果断。他克服了一场严重的经济危机，这场危机导致以色列出现了三位数的通货膨胀。与此同时，他下决心从黎巴嫩撤军。以色列国防军于 1982 年进入黎巴嫩，其目的是反击从黎巴嫩南部进入以色列北部的巴勒斯坦人。

1986 年，佩雷斯将总理职位移交给伊扎克·沙米尔，其后四年担任外交部长。在 1992 年的工党初选中，伊扎克·拉宾击败佩雷斯成为工党领袖，并赢得随后的议会大选。佩雷斯重返熟悉的外交部长职位，协助拉宾总理促成了以色列与巴勒斯坦达成和解并签订《奥斯陆协议》。1994 年，他与伊扎克·拉宾总理以及巴勒斯坦权力机构主席亚西尔·阿拉法特共同获得诺贝尔和平奖。

《奥斯陆协议》在以色列造成了极大动荡，引发了对政府的抗议和示威。1995 年 11 月 4 日，一个年轻的犹太极端分子暗杀了拉宾，佩雷斯代理了 6 个月总理。在 1996 年 5 月 29 日举行的第 14 届议会选举中，利库德集团的本雅明·内塔尼亚胡击败西蒙·佩雷斯，组建了一个右翼联合政府。下野后的佩雷斯，流年不利。2001 年，他竞选总统，败于利库德集团候选人摩西·卡察夫。此后，他在埃胡德·巴拉克、阿里埃勒·沙龙和埃胡德·奥尔默特政府中担任各种部长职务。2005 年，他退出工党，加入了由时任总理阿里埃勒·沙龙新组建的中间派政党"前进党"（Kadima）。2007 年，佩雷斯当选以色列总统，任期 7 年。

总 统 任 上

西蒙·佩雷斯为总统的角色增色不少。他是一位极有主见的总统，经常对政府的政策持不同意见。他举办了一些被称为"以色列总统会议"的大型国际会议，与会者包括总统、总理、议员、诺贝尔奖得主、作家和艺术家；他积极推动以色列国内外的技术开发和环境保护；作为一位闻名世界的政治家，他在多次旅行中向他国领导人以及犹太、非犹太人民介绍以色列。他周游各地，会见各界人士。在他担任总统的 7 年里，耶路撒冷的总统官邸里总是挤满了来自以色列国内外的访客。

西蒙·佩雷斯享受着作为总统的每一刻。无论走到哪里，他都赢得了许多尊重和赞赏，过去多年的争论和妄议也被人们遗忘。

在总统任上，佩雷斯关注文化、教育和艺术的发展。他经常会见作家和其他知识分子，把控着国家文化的走向。早在担任总统之前，他就以博览群书而闻名。佩雷斯自己也为以色列的文字宝藏增光添彩：

《大卫的弹弓》（1970）——对以色列安全学说的评论；

《力量与精神》——对大卫·本 - 古里安的人格素描；

《来自这些伟人：以色列国的七位创始人》（1979年）——对以色列建国伟人的追忆和评价；

《恩德培日记》（1991）——1976年恩德培行动的摘要；

《阅读日记：致作者们的信》（1994年）——与作者们关于其著作的信件往来；

《与西奥多·赫茨尔在以色列》（1999）——对犹太复国主义运动的历史回顾。

佩雷斯的著作被译成英语、法语、德语和阿拉伯语等多国语言。他还热爱诗歌，常常提笔作诗——无论是在本谢门学校，还是后来在阿鲁莫特基布兹。他写的一些诗歌被改编成音乐剧公开上演。

在2014年结束总统任期后，91岁的佩雷斯依然闲不住，参与国内政务并出访与各国元首会晤。他被认为是以色列在海外的头号演讲者，几乎每一道门都向他敞开。

2016年9月28日，西蒙·佩雷斯逝世。在一场盛大的国葬后，他的遗体被安葬在耶路撒冷赫尔佐山上。葬礼十分隆重，出席者有包括美国总统巴拉克·奥巴马、前总统比尔·克林顿和巴勒斯坦权力机构主席在内的数十位国际政要，以及世界各地的友人、作家和艺术家。奥巴马总统下令所有美国政府大楼降半旗。国内外各新闻媒体对其葬礼进行了直播。全世界都给予佩雷斯最崇高的荣誉和敬意。

在佩雷斯87岁时，作家迈克尔·巴尔·祖哈尔出版了他的传记。祖哈尔惊叹于晚年西蒙·佩雷斯的惊人活力,故此将该书命名为《凤凰》。这种希腊神话中的火红色不死鸟,带着恩怨情仇每 500 年投身于熊熊烈火中自焚,以生命和美丽的终结换取人世的祥和与幸福,再从灰烬中浴火重生。

本雅明·内塔尼亚胡

Benjamin Netanyahu

18/

本雅明·内塔尼亚胡:
政坛常青树

美国《时代周刊》将本雅明·内塔尼亚胡(Benjamin Netanyahu)评为"2011年度风云人物"。《时代周刊》主编理查德·施坦格尔如此评述他:"内塔尼亚胡即将成为自国父大卫·本-古里安以来任职时间最长的以色列总理。他所向披靡,拥有约50%的民意支持率,是以色列有史以来的最高水平。当其他国家的领导人不断更替时,他屹立不倒,一些媒体称他为'以色列之王'。他极有可能实现抱负,名垂千古。问题在于,他究竟是一个旧时代的囚徒,还是一个新时代的开创者?若要名垂千古,他就必须开创新的历史阶段。他能成为一个与约旦河西岸的巴勒斯坦人达成最终和解的以色列总理吗?他会对伊朗发动灾难性的单边袭击吗?他会让以色列国延续犹太民主吗?"

本雅明·内塔尼亚胡主宰着政府，是一位圆滑的领导者、极富天赋的演说家、在国内外政治舞台上纵横捭阖的政治家。虽然贫富差距日渐扩大，但他治下的以色列经济稳定增长。他让人捉摸不透，即使是最亲密的政治盟友、内阁部长和议会议员也很难明白他的治国方向。

但是直至今天，内塔尼亚胡和他所代表的右翼民族主义政府仍然面临着施坦格尔指出的这些根本性问题。

父亲的影响

1949 年 10 月 21 日，本雅明·内塔尼亚胡出生于以色列特拉维夫市。父亲本锡安·内塔尼亚胡是一位犹太历史学教授，在 20 世纪 50 年代曾参与编辑《希伯来大百科全书》。20 世纪 30 年代后期，本锡安担任犹太复国运动之父泽维·贾博廷斯基的私人秘书，深受其修正主义政治观点的影响。

泽维·贾博廷斯基反对世界犹太复国运动中的绥靖主义政策，主张采取以武装斗争为后盾的政治谈判方式直接对抗英国托管当局。在被占主导地位的左翼工党断然回绝后，他退出世界犹太复国运动，并成立右翼民族主义的修正主义派。贝塔尔运动和伊尔贡地下民兵组织由此产生并逐渐发展起来，他们进行破坏活动并武装对抗英国托管当局。

本锡安希望在耶路撒冷希伯来大学谋得教职，或许是受其政治倾向的影响，屡次遭到拒绝。1963 年本雅明 14 岁时，本锡安带着全家从以色列移居美国，在康奈尔大学任教。三个儿子（约纳坦、本雅明、埃多）在美国上学，假期回以色列。到 18 岁时，三兄弟相继加入了以色列总参谋部侦察营。

对于 1993 年签署的巴以《奥斯陆协议》，本锡安认为，这并非真正的和平方案，表面上的"盟友们"正等着以色列露出破绽或自满的迹象。因此，有必要保持和发展以色列强大的军事威慑力量，继续控制巴解组织。

极右倾向的父亲，对本雅明·内塔尼亚胡的世界观形成起到了决定性的影响。和父亲一样，他认为犹太人的历史是一系列被迫害、被屠杀的历史，世界上将永远存在反犹主义。因此，以色列必须随时做好军事斗争的准备。本雅明与父亲一脉相承的政治倾向，在他的演讲和行为中都有迹可循。

军 旅 生 涯

总参侦察营的指挥官埃胡德·巴拉克，将本雅明·内塔尼亚胡作为接班人着力培养。本雅明作为机长参加了许多敌后行动，例如贝鲁特机场的突袭行动和深入埃及的海上突袭行动，在埃及行动中他险些葬身火海。

1972 年，法塔赫的分支"黑色九月"在以色列卢德机场（现在的本 - 古里安机场）劫持了一架比利时航空公司的飞机。埃胡德·巴拉克指挥了此次突袭行动，内塔尼亚胡率领突击队乔装成技术人员，从几个入口闯入飞机并解救了人质。一名战友不小心走火，险些伤到本雅明的手。在随后的短兵相接中，两名恐怖分子被杀，两名女性恐怖分子被捕，后被判处终身监禁。

同年，内塔尼亚胡获得上尉军衔后退役，随后赴美国麻省理工学院学习，分别于 1971 年和 1973 年获得建筑学学士学位和工商管理硕士学位。作为在美国定居计划的一部分，1973 年他与女友米琪·哈兰结婚。5 年后两人离婚，本雅明仍留在美国，米琪带着女儿诺亚回到以色列。后来，米琪与一位高科技专业人士结婚，又有了两个孩子。米琪是一位极端正统派犹太教徒，目前住在耶路撒冷宗教氛围最浓厚的街区。她的母亲米奇·哈兰博士是当前以色列两座核反应堆安全顾问委员会的负责人，两座核反应堆分别位于迪莫纳和纳哈尔索里克。有趣的是，哈兰博士的职位由时任总理本雅明·内塔尼亚胡亲自签署任命。

1993 年，埃及和叙利亚入侵以色列，赎罪日战争爆发。本雅明被紧急召回以色列，重返总参谋部侦察营。他首先在南线与埃及作战，然后又被派往北部展开了针对叙利亚的特别行动。战争结束后，本雅明·内塔尼亚胡重返美国继续深造。读书期间，他在波士顿咨询公司工作，并计划从商。

然而，此时传来哥哥约纳坦的噩耗，改变了本雅明的人生轨迹。

由于哥哥的牺牲，弃商从政

本雅明·内塔尼亚胡的哥哥约尼 - 约纳坦·内塔尼亚胡，生前是以色列总参侦察营的指挥官。

1976 年 6 月 27 日，10 名来自巴勒斯坦民族解放组织和德国赤军旅的成员劫持了一架法航班机，降落在距以色列约 4 000 公里的乌干达恩德培国际机场。随后他们释放了所有非犹太乘客，105 名犹太乘客和一名机长仍被劫持。

以色列总参侦察营的特种兵乘坐四架军用运输机，秘密降落在恩德培机场。为了迷惑机场的乌干达驻军，他们驾着一辆黑色奔驰，冒充乌干达总统伊迪·阿敏的座驾驶入机场。在激烈交战 30 分钟后，102 名人质获救，7 名劫机者被击毙。

这是总参谋部侦察营、空降部队和空军历史上最复杂、最冒险的一次反恐行动。不幸的是，作为指挥官的约纳坦在行动中中弹身亡。奇迹般的成功以及约纳坦的英勇牺牲赢得了广泛的赞誉，此后衍生出许多纪念约纳坦的著作和电影。

当时，本雅明和父母都在美国。后来，本雅明这样回顾赴父母家告知哥哥死讯的旅程："这是我一生中最漫长、最艰难的旅程。从此刻起，我们的家庭生活发生了翻天覆地的变化。我们的生活被一分为二：约纳坦生前的生活，以及他死后的生活。"

哥哥的牺牲，成为本雅明·内塔尼亚胡人生的转折点。此前从未打算从政的本雅明，开始关注打击阿拉伯恐怖组织，并一直持续至今。在竞选期间以及担任总理后，他自称以色列的"安全先生"，把消灭恐怖组织视作核心任务之一。

本雅明随着悲痛欲绝的父母回到以色列。他成立了"约纳坦反恐研究所"并亲自担任负责人，举办了两次有关恐怖主义的国际会议，并撰写了一些关于恐怖主义问题的著作。在他和弟弟埃多共同出版的《约尼的书信》一书中，甚至将"恩德培行动"改为"约纳坦行动"。在本雅明的推动下，如今哥哥的事迹在以色列家喻户晓。

从 政 之 路

在约纳坦反恐研究所期间，本雅明·内塔尼亚胡与一些以色列政治家建立了密切联系，很快成为时任以色列外交部长摩西·阿伦斯的爱徒。1982 年，他被阿伦斯任命为以色列驻美国副大使，开始在政坛崭露头角。

在美任职期间，内塔尼亚胡频繁出现在美国媒体面前，展现出优秀演说家的风范。他有多年的美国生活经历，熟悉如何与美国政治家、记者乃至普通公民交流。他把自家客厅设成演讲工作室，对着镜头训练，努力塑造公众形象并提升演说修辞能力。在美国，他遇见了第二任妻子——生于英国的美国人弗勒·凯茨，在演讲训练中她扮演丈夫的采访者。内塔尼亚胡还参加了莉莲·

怀尔德的媒体行为课程。莉莲是该领域的世界级专家，曾培训过许多美国政治家。

两年后，阿伦斯任命内塔尼亚胡为以色列常驻联合国代表。他以"以色列政坛的希望之星、恩德培行动中英雄的弟弟"而闻名，在国际媒体面前挥洒自如。弗勒·凯茨那时已经和他分居，他也不再需要在工作室里对着摄像机镜头训练。他在国际舞台上广交朋友，其中包括犹太教仪式派的领袖和追随者们，以及一群犹太亿万富翁，这些人后来为他的竞选活动出力不少。

1988年从联合国卸任后，本雅明·内塔尼亚胡首次当选为以色列议会议员，不久被任命为外交部副部长。

1996年，内塔尼亚胡首次参选总理。政坛"常青树"西蒙·佩雷斯本来在民意调查中领先，但是同年3月发生的两次恐怖袭击让他支持率大跌。大批选民转向强硬对待巴勒斯坦民族权力机构，更可能有效阻止恐怖袭击的内塔尼亚胡。内塔尼亚胡赢得大选，成为以色列第一位建国后出生的总理，也是以色列历史上最年轻的总理。

戏剧性的是，总参侦察营时期关系亲密的一对师徒成为政治对手。代表工党（左翼）的埃胡德·巴拉克，与代表利库德集团（右翼）的本雅明·内塔尼亚胡多次交锋。1996年，内塔尼亚胡当选以色列第九任总理。3年后的选举中，巴拉克夺走了内塔尼亚胡的总理职位。10年后，内塔尼亚胡再次担任总理，埃胡德·巴拉克出任国防部长。至今，两人依然唇枪舌剑不断。内塔尼亚胡称巴拉克是一个"留着新胡子的老头"。巴拉克尽管表面上已退出政坛，却仍有意重返政坛，宣称"内塔尼亚胡阅历丰富但优柔寡断，我比他更成熟、更有能力"。

内塔尼亚胡的性格和政治特点，有着明显的美国元素。他的律师雅各布·温罗思曾说，内塔尼亚胡是一个美国人。从来没有一个以色列领导人像他那样有着如此之多的美式生活习惯。他不喜欢穿便装，总是西装革履。他没有刻意表现得和普通人一样，也不像其他政客那样习惯拍背或拥抱。他是收视率之王，在上电视或出现在观众面前时，总要精心打扮一番。他讲一口完美的英语，时常模仿好莱坞单口喜剧演员的口音。如美国政治家一样，他反应灵敏，随时准备应答各种突如其来的提问。他一分钟的回答更像是某种口号，很容易在时下的新闻头条中找到类似内容。例如，"如果巴勒斯坦人放下武器，就不会再有战争了；但如果以色列人放下武器，以色列就不复存在了"，或者是"我们的经济就像一个背着胖子的瘦弱男人"，每一次演讲都透露着同一个信息——"我所做的一切都是为了以色列的安全"。

身边的小圈子

1991年，在乘坐荷兰航班时，内塔尼亚胡遇到了金发空姐莎拉·本·阿奇。莎拉殷勤服务，还给他留了电话号码。不久两人成婚，后育有两个孩子：亚伊尔和阿夫纳。莎拉目前是一名教育治疗师，是总理身边最有影响力的人物。除了参与日程安排外，她还为丈夫任免职位出谋划策。长子亚伊尔现在接近 30 岁，和父亲一样颇具影响力且固执己见。

在内塔尼亚胡的核心圈子中，还有三位重要人物：

在带儿子亚伊尔看病时，内塔尼亚胡认识了儿科医生维卡·伯科威茨博士，两人成为挚友。伯科威茨博士说："我们就像亲兄弟一样。本雅明真的很棒，他温暖又幽默。我们无话不谈，谈足球、历史，也谈政治。即使我说得不太中听，他也知道我是站在他这边的。"

堂兄大卫·伸仑律师，也是内塔尼亚胡的知己，负责处理他所有的私人事务。本雅明不向大卫隐藏任何秘密，而大卫对本雅明的秘密守口如瓶。

近亲艾萨克·莫尔肖，是伸仑律师事务所的合伙人。作为内塔尼亚胡的外交事务特使，莫尔肖多年来通过非官方渠道促成了各次谈判，特别是有关巴勒斯坦方面的谈判。同时他也通过官方渠道采取行动，但是做事颇有分寸，不会逾越内塔尼亚胡划定的界限。

总理身边还有一个更大的圈子——家乡的商业巨头、宗教人士和社区领袖们。

内塔尼亚胡明白，每个政治家身边都需要有一群既有影响力又富有的支持者，而且在关键时刻他们愿意鼎力相助。随着在政坛的不断攀升，内塔尼亚胡的亿万富翁俱乐部不断扩大。他在出国访问、与家人度假时，常常拜访当地的犹太社区。犹太社区领袖们都会盛情款待，还为其选举等活动筹集资金。澳大利亚犹太裔亿万富翁约瑟夫·古特尼克声称："内塔尼亚胡当选对犹太人有利。"1996年内塔尼亚胡竞选总理期间，古特尼克出资助选，为内塔尼亚胡击败西蒙·佩雷斯立下汗马功劳。美国亿万富翁谢尔登·阿德尔森与内塔尼亚胡的父亲政见一致，他创办了《今日以色列》报，颂扬本雅明及其家人的事迹。这份报纸在以色列许多公共场所免费发放，是目前普及最广的报纸之一。

本雅明·内塔尼亚胡编著了几部书籍，其中多数涉及恐怖主义：《国际恐怖主义：挑战与回应》（1979年），《恐怖主义：西方如何赢得胜利》（1987年），《国际中的一席之地：以色列与世界》（1992年），《打击恐怖主义：民主国家如何打败国内和国际恐怖主义》（1996年）。

美国《商业内幕》（Business Insider）杂志评选出全世界18位最聪明的人，本雅明·内塔尼亚胡以180的智商列第11位，领先提出宇宙大爆炸理论的英国物理学家史蒂芬·霍金，以及以高智商闻名的电影明星莎朗·斯通。过人的智商能否帮助他以领袖的身份载入史册，并为建国后一直生存在战火之下的以色列带来和平呢？

跋 /

犹太智慧的奥秘

　　去年春，清华大学出版社经管与人文社科分社的徐学军社长谈及"发现犹太人丛书"的出版计划。夏季，我与丹·拉维夫先生在香港面谈，他对犹太民族的情怀以及对中以友谊和文化交流的长期努力令我动容，也唤醒了我长期以来对犹太民族的探索欲。

　　在编译过程中，我阅读了两千多万字的犹太律法经文、史料和人物传记等。在拉维夫先生的安排下，我赴以色列访谈丛书涉及的相关人物，并与出租车司机、酒店服务员等普通民众广泛交流。阅读和访问，使我对这个优秀而神秘的民族逐渐有了直观的认识。

小民族，大影响

犹太人是一个小民族，现人口约为 1 450 万，占全球总人口的千分之二。其中，约 650 万犹太人居住在以色列国，约 530 万犹太人居住在美国，其余散布在世界上其他的许多国家。然而，犹太人在经济、贸易、科学、技术和文化方面所取得的巨大成就和影响力，与人口规模完全不成比例。

自 1895 年诺贝尔奖成立以来，犹太人将 22.5% 的诺贝尔奖收入囊中。截至 2017 年，犹太人在 902 位诺贝尔奖得主中占有 203 席。在 2018 福布斯全球富豪榜单上，犹太人在前 50 名中占据 10 席。全球领先的高科技公司中，每十家中就有三家属于犹太人。犹太人担任过俄罗斯、德国、法国和巴西等许多国家的财政部长。在美国，三位犹太人曾担任财政部长，美国联邦储备局的五位前任主席都是犹太人。犹太人创立了米高梅电影公司、华纳兄弟娱乐公司和环球影业，时至今日对好莱坞电影业仍然有着巨大影响。

犹太人非同寻常的成功，是源于特殊的"犹太天才"基因吗？

主流学界将犹太人的成功归因于经济学和社会学领域所称的"人力资本"，也即犹太人的杰出成就源自其漫长、复杂、严酷的独特历史中发展起来的文化特征。数千年中，犹太人不断迁徙，有时是为了逃离暴力和迫害，有时是为了寻求更好的经济条件，有时只是出于一种习惯。流散，是犹太人成功的跳板。

信仰，是犹太民族最核心的文化密码

《托拉》赋予犹太人"神圣的民族、祭司的国度、上帝的选民"的信仰之源。犹太教，要求信徒严格执行涵盖生活方方面面的法律戒律。在数千年的漂泊中，犹太移民生活在封闭的犹太社区里，不与居住国的其他族裔混居，其主因就在于此。

犹太社区成为一种微型的"福利国家"，为穷人提供食物、住房和基本生活必需品。在世界上绝大多数人是文盲的时代，每个犹太社区都建有学校，为每个 3 岁至 13 岁[1]之间的犹太男孩提供免费教育。学校教育侧重于学习和理解犹太宗教经文，这就要求犹太儿童学会读和写，学习各种语言，甚至学习逻辑。男孩们还是父亲生意上的学徒，他们学习手艺，学习专业知识，学习与人沟通交流。课堂上的教学和生活中的教育相结合，使得犹太少年在进入职场时的竞争力远超其他族裔的同龄人。

远道经商的犹太人能受到当地犹太社区的照顾，可以获得各种各样的商品和资源，从而比非犹太竞争对手更具流动性和竞争力。许多犹太人通晓多种语言：古老的母语希伯来语、旅居国家的语言以及犹太社区的特有方言，这对经商来说显然是个竞争优势。

1　13 岁，是犹太男孩的传统"成年礼"年龄。

职业限制，被迫"跳出框框"思考

离散中的犹太人，被敌视、歧视和迫害是生活的常态。他们常常被禁锢在大城市拥挤脏乱的"隔都"，缴纳高额的特殊税，并被禁入许多职业。然而，正是这些磨难促使犹太人在被许可的领域里做得更好。他们从事艰苦和被鄙视的金属冶炼加工、染布和演艺业；他们为贵族阶层担当代理人，协助管理资产，冒着被怨恨和报复的风险向农民收税；在基督教和伊斯兰教都禁止其教徒放贷的时代，他们从事借贷以获取利息。

出于不惜任何代价取得成功的需要，犹太人被迫"跳出框框"，在技术和商业模式上大胆创新，进入新市场。久而久之，逐步形成了犹太人特有的商业文化和商业惯例——胆大包天、随机应变、善于创新和捕捉机会。犹太人的"狡诈"和成功增加了普通民众对他们的敌意——但这也是生存的需要。

对于犹太人来说，19世纪的工业革命是天赐良机。以色列历史学家伊斯雷尔·贝尔特尔教授指出："一小群欧洲犹太人成为工业企业家，甚至成为了与整个工业领域的统治精英交织在一起的寡头。他们充分利用了犹太人的创业传统、流动性以及与各地犹太人的人际网络，取得了巨大成功。"这些犹太寡头创立的商业集团，有的流存至今，跻身当今世界最大的商业集团之列。另有一些犹太人得益于基础教育和逻辑学习传统，融入了迅速发展的科研和教育领域。

20世纪末期高科技产业的兴起，为犹太人打开了一扇新的财富大门。高科技行业的特点与犹太人的精神特质非常吻合。犹太人从事高科技行业工作的比例，比世界上任何其他族裔都要高得多。

融入并影响美国社会

在犹太复国运动、以色列建国后的国防和经济建设中，美国犹太人扮演了重要角色。

与饱受迫害的欧洲犹太人相比，美国犹太人无疑是幸运的。他们一直享有平等的公民身份，未曾遭遇法律意义上的歧视。大多数犹太人初来美国时一贫如洗，在移民后的头几年里在制造业从事低端劳作，生活贫困。但是，他们利用自己的技能、教育、流动性和创业传统，成功地融入了美国社会。

美国皮尤研究中心研究发现,在当今美国社会的60个种族中，犹太人的平均财富最高。数据表明，46%的美国犹太人年收入超过10万美元，非犹太裔美国人的这一比例为19%。大约87%的美国犹太人从事白领工作，这一指标在欧洲裔美国人（白人）和非洲裔美国人（黑人）中分别为42%和不到10%。

基于创业传统、商业和学术天分，少数特别杰出的美国犹太人做出了革命性的技术发明，开拓了新的商业模式，创立了突破性的高科技和工业企业，其体量甚至达到数十亿美元。还有一些美国犹太人，（相对于犹太人数量）以极高比例进入了跨国企业的高管团队。犹太人在美国商业中心纽约、全球高科技中心加利福尼亚州，以及美国政府机构、大学、好莱坞电影圈、电视和网络等媒体中所占的比例，远远超过了他们在美国人口中的比例。

以色列建国后的新发展

由于自然增长和极高的移民率，以色列的人口在建国后增长了11倍。尽管长期与周边多个拥有更多人口、国土面积和自然资源的国家处于军事冲突中，以色列经济不仅得以维持，甚至走向繁荣。在《2018年度联合国人类发展指数报告》所列的189个国家中，以色列排名第22位，人均国民收入为32 711美元，而全球平均水平约为1.1万美元。

建国后，有12位以色列人获得诺贝尔奖。从21世纪开始，犹太人获得诺贝尔奖的人数比重上升，达到28%。在以色列国注册有4 000家高科技公司，数量在全球各国中名列第六，按照人均拥有量名列全球第一。以色列居美国和中国之后，在纳斯达克上市公司数量上列全球第三。以色列在许多领域的研发和贸易方面处于全球领先地位——包括水资源管理和灌溉、消除虫害、药品和医疗设备、钻石、武器和军事技术、软件和在线服务等。

犹太人在其长期的流亡历史中被迫发展起来的教育、创业精神、流动性和快速应变等传统，在以色列建国后得到充分释放，驱动以色列科技工作者和企业家不断发明、创造、创业，取得技术和商业上的突破。

以上是笔者对犹太人成功现象的粗浅解读，热忱欢迎读者朋友们不吝批评指正。

感谢徐学军分社长和丹·拉维夫先生的信任，让我有幸编译这套丛书。

在不到一年时间内完成整套丛书的编译，是一项极具挑战性的任务，非团队作业难以完成。感谢我的加拿大朋友 Gilbert Swann 先生，他为本丛书的编译稿做了文化上的校审。感谢南京理工大学的王靖琦、王蓉、黄徐英子、骆啸天、胡娟、陶家欣、刘甜、孙慕蓉、李恩惠、张津同学，他们为本丛书的出版做了基础性的翻译工作。

施冬健
2019 年 3 月 22 日